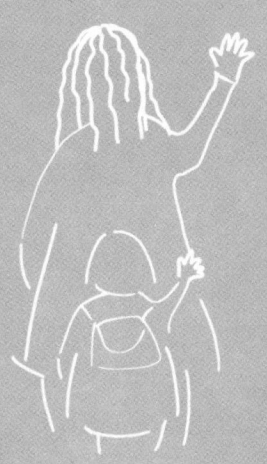

放轻松
慢慢养

培养内心强大的孩子

姚莉 著
赵兮

CS 湖南教育出版社

前　言

爱孩子，究竟是如我所愿，
还是如其所是？

在教育学的视野之中，讲一个故事，理解这个故事，研究这个故事，然后，重新打量我们当下正在展开的生活，这样的方式，叫做教育叙事。它的作用在于，经由故事产生一些思考，并以此来反观和理解我们正活在当中的生活。

人类的情感是相通的，是跨情境的，经由他人，我们可以回到自己。经由我和女儿的成长与教育的故事，读者也可以借此在某种程度上回到自己。正如教育现象学倡导的"回到事情本身"，回到真实的日常世界本身，才能更好地理解这些体验所蕴含的意义。

关于人的研究本来就是有趣的事，这本从女儿出生到小学阶段跨度达十余年的教养自传，一笔笔记下的是初为父母的种种疑惑、焦虑、挫折与考验，当然，还有腹黑与失措、呆滞与大笑的时刻。活生生的人，活生生的事，就是大家身边每日上演的生活。

本书从初稿到目前的修订稿，将近五年，初心是为了纪念，如今更多的是为了剖析。拜时间的沉淀和生活所赐，现在的版本中，既有了经由后见之明（hindsight），即站在现在的角度对故事的重新理解——"回首往事"中的"妈妈";又有了经由被教育者的发声而产生的对故事的解构——"回首往事"中的"孩子"。泡在故事中的我、跳出来反观的我("妈妈"),以及故事主人公("孩子")的"忆苦思甜",构成了三方视角,这是同类书籍中独有的尝试。

养育与被养育之间的"冲突"作为真实的存在,以这样的方式呈现于大家面前,是笔者非常期待实现的场景。即使为了顾全这个母亲的面子,回首板块中的"孩子"已经做了足够的保留和让步,孩子的善良和对父母无条件的爱,很多时候远胜成人。但养育者的自以为是和感觉良好,与被养育者的真实感受和需要,其中的反差仍然让人触动,也更让我们警醒。

爱孩子,究竟是如我所愿,还是如其所是?

在长期的研究或表述中,被教育者常常是沉默的他者,教育者则以权威或成功者的姿态发声。这种不对等的关系在一定程度上制造了某种傲慢与偏见:我们既看不到孩子,更看不到自己,一叶障目,目中无人。

以教育对象为主体的理念倡导了很多年,但对这个主体的认识究竟在什么位置、究竟到什么程度,不得而知。就像在本书中,即便是对孩子成长线索的梳理,也带入了很多隐含的加工,有意无意地使其趋向了作者的逻辑自洽。

每个人都是独特而鲜活的存在。范梅南教授言道:作为人,是无与伦比的,不分等级的,不可计量的,无可替代的。我们对孩子的爱,究竟是出于自己未满足的一系列期望,还是真正为了孩子自身成长,值得我们深刻反思。

没有所谓的教育圣经,可以放之四海皆准。

藉由这本书给大家呈现的真实发生的种种故事,作为一个案例,一种存在，一种声音，希望它们就像一对"门环"，在某个时刻，能够轻轻叩出读者心中对于成长和养育的专属回响。

最后，感谢之前一眼看上它的编辑张俊老师，还有为之前版本辛勤付出的陈瑶、刘洋。

感谢此次一眼看上它的青豆书坊总编苏元老师，还有对于结构确立提出独到见解、对于细节把控精益求精，辛辛苦苦催稿、再三宽容的编辑贺天。青豆的团队里，一颗颗豆子都有热乎乎的心，比如王宁、银秀，没有她们，就没有我与青豆的缘分。

一本书的问世，机缘难遇，付出不易，在此深深感谢！

姚　莉

2019 年 9 月

目录

入园入学篇

家长认知篇

接受了完整的孩子，
也就给了孩子
发展完整自我的机会。

养孩子，动情也要动脑

养孩子都是在走钢丝

当我还是一个小母亲的时候，从没想过养育孩子是一件多么考验人智商情商和体力的事情，我的理解就是好好养人家，好好教育人家。想来，大多数妈妈也基本如此，只想着做好，却不明白什么才是好，怎么才算做好，怎样才能做好；愿意付出，却不知道付出什么，怎样付出才是要紧的。

说到这个"好"，真是一个莫名其妙时不时就蹿出来折磨人的字眼。一心向好，但"好"究竟是什么？不得而知。当我们把人放在一生的长度去打量的时候，也许又会发现，某个阶段的好不一定就是好，某个阶段的不好也不一定就是不好。现在学业上的优秀，不一定意味着未来的成功。现在的受人瞩目，也许以后又会是长久的沉重背负。

很多时候就是这样，当我们拼命追求一个标准、一个状态的时候，对它们的定义可能恰恰是把我们绊倒或者困住的始作俑者。

在教育过程中，对孩子未来的设想和预期是身为父母多少都会有的初心。但是，对这些设想和预期却往往欠缺深入思考。比如成功，比如优秀，比如快乐，比如幸福，如何定义这些目标，每个人基于自身的理解都是大相径庭的。

父母是否彼此讨论、沟通过对这些目标的理解？是否对这些目标的由来进行过深入的考量？父母为孩子设定的目标，是基于对自身未完成的补偿，还是对当下社会潮流的跟从？这些出发点有多少是真正为了孩子，又有多少是为了满足成人自己的需求？

一个定义不清的目标，一个出自个体心愿的目标，一个未经过深入讨论和达成基本共识的目标，如果就此成为必须要完成的任务，对孩子来说，意味着什么？

我相信事物一定有它的另一面，就像地球有它的另一面。

我相信每个词语的含义绝不仅仅是字面上那么简单，要把它做到极致，也许就会有缺憾出现。

我谨慎地对待所有关乎评价和定性的字眼。

我知道这世间没有唯一正确的路，每个人要走的和走过的都不相同。

我容忍我的孩子活得有比例，大半这样，也得允许人家小半那样。

善良，也要能够凶悍。

积极，也要允许懒惰。

正直，也要懂得迂回。

人的样貌从来都不是单一的，无论是弗洛伊德还是荣格，他们对本我、自我、超我，对人格面具和阴影等的阐释，都让我们看到一个人的立体性和多样性。好与坏、正与反、对与错、黑与白这些绝对化的字眼，是对人的割裂判断。正视与接纳每个人的"阴影"，才能看到每个人"内在的另一个我"，看到每个人没有得到充分发展的潜能和个人的潜意识。

接受了完整的孩子，也就给了孩子发展完整自我的机会。不被接受、不被允许的话，那个未被承认和表达的一部分总是要找机会出来宣示主权，彰显存在的，并且压抑的越久能量越大。"哪里有压迫哪里就有反抗"，就是这个意思。

清代李密庵有一首诗《半半歌》，我认为尽管一半一半的切分稍显僵硬，但是，有切分总胜过绝对。人不是硬邦邦的机器，有弹性有温度的人才是一个正常的人。读读这首诗，会别有一番天地展现在眼前——

> 看破浮生过半，半之受用无边。
>
> 半中岁月尽幽闲，半里乾坤宽展。
>
> 半郭半乡村舍，半山半水田园。
>
> 半耕半读半经廛，半士半民姻眷。
>
> 半雅半粗器具，半华半实庭轩。
>
> 衾裳半素半轻鲜，肴馔半丰半俭。
>
> 童仆半能半拙，妻儿半朴半贤。
>
> 心情半佛半神仙，姓字半藏半显。
>
> 一半还之天地，让将一半人间，
>
> 半思后代与沧田，半想阎罗怎见。
>
> 酒饮半酣正好，花开半时偏妍。
>
> 帆张半扇免翻颠，马放半缰稳便。
>
> 半少却饶滋味，半多反厌纠缠。
>
> 百年苦乐半相参，会占便宜只半。

养育孩子的路上，我是摇摆着走钢丝的人，在小心翼翼的每一步中寻找着平衡。直到现在，我也不认为自己有多么确定无疑。矛盾和复杂本来就是人性和生活的真相。如果什么都一目了然，也就不必辛辛苦苦走几十年了。失去了憧憬和变化，一眼就到头的人生也是乏味得紧。

回首往事

妈妈：

关于养育孩子这件事，大家都一样，都是摸着石头过河。不到人生盖棺定论的时刻，谁也不能妄下断言。教育规律要与个体发生具体的联系，要与活生生的现实对位。

人的成长不能全盘复制，即便是同卵双胞胎，在发育早期也会出现数百种基因变化使得他们往不同的方向发展。所以，对于某些以胜利者或成功者的姿态来教导大家如何正确育儿、成功育儿的人，某些将所谓的教育理念和方法推崇到极致的人，请谨慎判断与参照。

产后抑郁

反正那时年轻，就更是稀里糊涂，老天就这样把一个孩子砸给我了。没问我想要什么不想要什么。

孩子，是没得选择的。是否健康、聪明、漂亮，都不是我们能左右的。因此我常常在想，所谓血缘的另外一层意思就是没得选择。老公老婆朋友伙伴什么的，都可以自己做主。然而，父母兄弟姐妹还有孩子，都是不能选择的。

当时，因为产程过长，人家头上顶了个大包出来了，软囔囔的，学名"血肿"，里面都是血吧，碰也不敢碰，本来刚出生的孩子就那么点，一个头再加上一个包，"二层楼啊！这么丑啊！"爸爸张口就来。不会说话能不能不要张嘴？最要命的是，这会不会影响大脑发育？血肿不就是挤压造成的吗？万一压坏了脑子呢？谁知道大脑里面有没有出血啊？

还有，孩子生下来时指甲很长，她哭着哭着，一挠，脸蛋上一溜皮就下来了。那么嫩的皮肤，等同破相啊！我一着急，给人家戴了个小手套，自己觉得这招儿挺好，于是，戴的时间还不短。后来看各种乌泱泱的资料，才知道新生儿的触觉嗅觉视觉听觉对今后的智力发展至关重要，这不明摆着剥夺人家最重要的所谓"关键期"的发展吗？这以后的智力可就受损了啊！

从外形到内在，没有一样顺溜。

然后，我就抑郁了。

孩子脑袋长包，就怨这个当妈的不争气，生个孩子也要那么久，身体素质太差了，平时怎么就不好好锻炼呢！

脸蛋被挠了，怎么就不知道一生下来准备个小指甲刀，防患于未然呢？

至于戴手套，那纯属脑残！亏得还是个搞教育的，怎么能犯这样常识性的错误！万一智力受损，这不毁了孩子的一生吗？！

那时的我，就觉得自己前前后后没有一件事是做对了的，哭天抹泪了好久，心里不住地自怨自艾。我是哭啊哭的，唠唠叨叨的，可是孩子不管这个，人家自顾自地慢慢长了。该消的消了，该褪的褪了，小爪子也抓抓挠挠的没闲着。我哭得也没什么意思了。

只要你不是存心故意整孩子，人家总会长起来的。

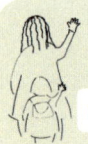

回首往事

妈妈：

　　产后抑郁是一个需要引起高度重视和认真对待的事情。在经过身体的创伤（生产过程）、心灵的创伤（生产过程中被忽视的尊严和精神照拂）、激素水平的改变，再加之孩子出现的一些情况，以及照料孩子过程中的艰辛，产妇的情绪是极易崩溃的。抑郁、悲伤、沮丧、哭泣、焦虑、易怒、烦躁，甚至有自杀或杀婴倾向等，这些反应都是产后抑郁较为典型的表现。

　　在这个阶段，好好照料产妇是头等大事，复读机式的安慰和关爱的举动无论出现多少次都不为过。亲友的悉心照料和陪伴是帮助产妇度过艰难阶段的最重要因素。

　　孩子他爹表现尚佳，进行复读机式安慰的就是他，照顾产妇，照顾孩子付出最多的也是他，一个月瘦了二十多斤，暴瘦式陪坐月子。

　　在哪里费了劲，也就在哪里上了心。这是培养一个爱老婆爱孩子的男人的大好良机。不舍得用男人的女人，从这一刻起就把男人从自己和孩子身边早早地推开了。

犯傻的只有至尊宝吗？

于是，我开始发愤图强养孩子了。

我做的第一件事也是最重要的一件事就是：陪孩子。

时间是有弹性的，只要愿意，总能挤出那么一些。可要是找理由不干，那也遍地都是理由。只不过，在你找理由的时候，孩子最珍贵最短暂的成长时期，以及最能和父母建立感情的时期，也就一闪而过了，并且永不回头。

"曾经有一段真挚的感情摆在我面前我没有珍惜，等到失去时才后悔莫及。人生最悲哀的事情莫过于此。如果上天能再给我一次重来的机会，我会对那个女孩说三个字：我爱你。如果要在这段感情前加个期限，我希望是一万年！"

犯傻的只有至尊宝吗？

孩子一扭头，父母就在身边，这是多么安心的感觉。碎碎叨叨、啰啰唆唆都在彼此的眼里。我知道你什么样，你也知道我什么样。越纠缠在一起就越习惯彼此，会心与默契才能在这里产生。养育孩子的幸福其实就在这些细细碎碎的日常里。

三岁前是孩子对父母的依恋形成的重要时期，父母积极、温和的态度，稳定的情绪，与孩子的对视、互动、拥抱，对孩子需求的及时回应，及时发现并安抚孩子的焦虑，能够让孩子知道自己是珍贵的，世界是安全的。这是孩子能够握在手里的对世界的整体把握，是孩子心底对人的善意、信任和爱的源头，是自信建立的基础，是他得以在人潮汹涌的世间站稳脚跟的最重要的支撑。

孩子日后对亲密关系的态度与表达，是放松还是紧张，是积极还是冷漠，都建立在孩子三岁前与父母关系的基础上。这个阶段就是在"培土"，孩子心里敦实了，无论走到哪里都不虚。孩子只有感受过真正的"好"的滋味，才会寻找"好"，判别"好"，建立"好"。就像厨师做饭，自己没尝过佳肴，只靠想象去做出好菜，那是很不容易的一件事。

父母怎样对待孩子，孩子就会成为怎样的人。别忽略和漠视对孩子的情感回应，别由着自己的性子忽冷忽热地对待孩子，更别用恐吓甚至暴力对待孩子。父母之间的关系、父母与孩子的关系，会映射出孩子成年以后的情感关系。

父母看到孩子时，眼里的喜悦、温暖与全心全意的接纳，就是最好的家庭教育。父母爱我，说明我有价值得到爱。反之，我是不被看重不被接纳的。不相信自己的人，也难以相信他人。与别人相处的时候，要么瑟缩回避、谨慎怀疑，要么不依不饶、纠缠到底。有信心有价值感的孩子，因为有了自我笃定的把握，就显得气定神闲开朗乐观，对己对人都是舒服自然的态度。

孩子三岁前，父母陪伴越多，付出越多，之后，教育孩子的成本就越小。与之相反，这个时候图省事，将来的利息就需要加倍偿还，也不一定能还得清。

不过，陪伴也分真假。一手搂着孩子，一手拿着手机；或者抱着孩子，盯着电脑，这样的家长也真是够拧巴的。打着陪孩子玩的旗号，实际上自己瞅空偷懒，还直接把孩子的兴趣引向了电子产品，这有多冤啊！

话说我妈妈家离我当时的单位很近，就隔一堵墙。我自己的家离单位有四站地，我骑自行车上下班。产假休完之后，我开始上班。每天早晨把孩子送到妈妈那里，每天晚上把孩子从妈妈家接回自己家，直到孩

父母怎样对待孩子，孩子就会成为怎样的人。
别忽略和漠视对孩子的情感回应，
别由着自己的性子忽冷忽热地对待孩子，
更别用恐吓甚至暴力对待孩子。
父母之间的关系、父母与孩子的关系，
会映射出孩子成年以后的情感关系。

子上幼儿园，风霜雪雨一直坚持了下来。妈妈又心疼女儿又心疼外孙女，尤其冰天雪地的时候，老太太总是叨叨："放着省心不省心，费这个劲干吗？"

只是，别人永远不会知道，当我骑着自行车，可以随时伸手就摸到女儿软软嫩嫩的小手的时候，心里的那份满足感。多少年过后，孩子居然还记得这件事："妈妈，我那时候一直很奇怪，你老摸我的手干什么？"在路上，我俩你一言我一语，在风中大扯着嗓门说话的情景，现在回想起来仍历历在目。

所谓的情感与联结，说到底，就是共同的回忆。这种共同的丝丝缕缕的回忆越多，父母与孩子之间的情感累积就越深厚，关系就越稳固，孩子对于家庭的向心力就越强。到了青春期，孩子就越不容易被不良的影响拉走。这种回忆是一个个细节一个个画面一个个声音，而不是一个个道理和一种种训诫。人是真正的情感动物，难以割舍的不是理智，是情感。当孩子能够和父母建立强有力的情感联结时，就奠定了一个安全的基础和处理情感的能力，才可能建立稳定的自我认知并对内在和外在世界进行探索。孩子年幼时，我们要做的就是用父母的情感多多地往孩子的心里"填充养料"，当孩子成为一个情感丰富的人的时候，他就很难做出情感匮乏的残忍的事情。

爱是每个孩子天然应得的，不以任何条件为考量和交换。

回首往事

妈妈：

陪伴的实质是：人在，心在。

建立稳定且能够及时回应的（随孩子年龄不同相应变化）、温暖的、非侵入性（这点很关键）的关系。

关于依恋理论的详情，请参阅约翰·鲍比（John Bowlby）的相关研究。

孩子：

说到陪我这个事情，其实吧，我很喜欢在姥姥家待着。姥姥多好啊，不跟我讲道理只给我买好吃的。每次还没有尽兴呢，你就要接我回家了，真是气人！回家的一路上，我都是身在曹营心在汉（这段话希望我姥姥可以看到）。不过这也要分人，世界上没有两个相同的姥姥，小孩子当然是哪里舒服就喜欢在哪里待着，所以陪伴这个事情，我觉得不一定非要妈妈，只要是对我好的那个人陪着我，我就开心。

抓住自我意识形成期，
塑造"高价值感"的孩子

父母是孩子的镜子

我们家，妈妈爸爸、爷爷奶奶、姥姥姥爷对孩子的称呼都不同，混着叫，但是管孩子叫"大猫"的，也就我一个。

到了一岁半左右，我们就听得满耳朵都是"猫"了——

"猫的呢？"

"猫呢？"

家里的姐姐手里拿了好吃的，一眨眼，她就凑过来："猫的呢？"

我给姥姥姥爷买回去东西，还没转身，慢悠悠的声音就响起来了："猫的呢？"

我们商量着要一起做个什么事，这边话音没落，那边的提醒就来了："猫呢？"

反正，物品，一定要争取人家的那份儿；事情，一定要争取人家的参与。总而言之，你就不能无视人家的存在。小孩子就是凭这个表达存在感的。

涉及物品归属权的、身体认知的、是非判断的、自我形象的、自我立场的、参与意识的，凡此种种，都指向一个专有名词，叫——自我意识。自我意识的核心是"我"。

"我"是慢慢才有的，是慢慢被发现的。孩子对"我"的觉醒与认识是在与周围环境的互动中完成的。从环境和他人的反馈中，懂得了自己身体的存在，懂得了自己的想法和表达，懂得了自己的能力和价值。也就是说，孩子从不知道什么是我，到逐渐知道什么是我。这个"我"不是天生的，是后天"长"出来的。

自我意识很重要的一环就是他人对自己的评价。这样的评价意味着孩子对自己整体形象的认知。那么，孩子对自己的评价从哪里来呢？就从大人这里来。大人说孩子笨，孩子就觉得自己不聪明；大人说孩子丑，孩子就抬不起头来。这个意思就是，你希望他成为什么样，你就把他说成什么样。你要塑造一个什么样的孩子，全凭你的那张嘴。又应了那句话：饭可以瞎吃，话不能乱说。

温尼科特说："当婴儿看母亲脸的时候，他看到了什么？我认为，一般来说，婴儿看到了他自己。"父母的反馈就是孩子的镜子。孩子从父母身上照见了自己的模样。父母如何看待孩子，孩子就如何看待自己。

在出生后的一到两年时间里，孩子一天一个样，日新月异用在这里是最为恰当的。这些变化在我们眼里是由衷的惊叹与赞美，可真正的主角——孩子自己，并不知道，这样有些不公平呀！所以，我们需要做的第一件事，就是表达惊喜。对孩子取得的每一个进步大声鼓励——

"哈，大猫爬得更快了！"

"哇，大猫能走啦！"

"看，大猫会给爸爸拿拖鞋了！"

每一次清晰的赞扬都会让孩子意识到自己的成长与进步，在大人一次次的发现与肯定中，超人小孩就这么成长起来了！孩子的自尊与自信就是这么一点点来的。

在他独立完成事情的时候肯定他，在他表现出坚强的时候肯定他，在他流露善良的时候肯定他，孩子就会看到自己身上的独立性和坚强善良的品质。

我们可以成就一个"高价值"感的孩子，让孩子知道"我可以，我能行，我不差"。当然，你也可以塑造一个"低价值"感的、觉得自己一无是处的孩子。这是有效的心理暗示。心理学上著名的"皮格马利翁效应"就是对这种方法的典型诠释——你期望什么，你就会得到什么；你相信什么，你就会看到什么。

夸赞孩子有多重含义

那个时候，我经常把我家孩子称为"猫天才"或者"猫大师"。

天才何谓？天生我材必有用啊！

大师何谓？勤学苦练成大师啊！

猫，心灵手巧；猫，兴趣广泛；猫，想象力创造力超强；猫，学习扎实；猫，对人有感情；猫，有铁杆好朋友；猫，会安排生活精明消费；猫，能管理好自己……

好吧，都是这么盖帽子盖出来的。大家可以瞅瞅，这些帽子其实都指向了比较具体的方向。不过，千万要记得中华文化博大精深，别把一个词就狭窄成一个意思，要不然，一不留神就跑偏了。一根筋走过头，吹牛吹得咱自己都不相信，一个傲慢自大的家伙说不定就这么被吹出来了。

要把肯定指向"成长"与"内在"方面，而不是落在"成绩"和"外在"上。前两个注重的是过程，后两个则注重的是结果。

在关注成长和内在的基础上，夸夸人家可人的小模样，夸夸人家这次的成绩真了不起，也是非常必要的。尤其到了青春期的时候，孩子都很在意外表，夸孩子漂亮或英俊什么的，能让人家高兴好几天！在学习不断爬坡的过程中，夸夸人家取得的了不起的成绩，当然应该。

对一件事的评价要相对一致，别今天夸人家，明天就损人家；别妈妈刚说好，爸爸就狠狠批评，把孩子弄得颠三倒四，不知所措。

更重要的是让孩子慢慢学会分辨别人言过其实的表扬或鸡蛋里挑骨头的指责，帮助孩子建立一个基本框架——我挺好的，不过，别人也不差；我有缺点，不过，别人也有。让孩子接触更多的小朋友，发现每个人的长处和不同。带孩子接触更多的人，收获更多来自各方面的评价。

这就是多见世面，多和各种各样的人打交道的必要性。见多识广，人群的基数大了，相对的公正性就会有了。

大猫听了街上的人们对自己模样的评价，回来总要照照镜子，然后嘀嘀咕咕地发表一些获奖感言或不满言论。我们在一旁挤眉弄眼，笑死啦！

鉴于大猫十分注重自身地位并有积极参与家庭建设的热望，我们赋予了她神圣的权利——参政议政。我做一件事的时候，总要听听猫的意见。家里要做个什么决定，我们也要征求猫的意见。在一次次的实践中，大猫对自己的能力、地位与发言权有了日益清晰的认识，小人家家的，竟逐渐成了管家婆。姥姥打来电话，还要经过她的审查才能让我接听。家里的大事小情，都要发表一下自己的看法。长此以往，猫的责任感、使命感以及对于家庭的重要性那是确定无疑培养起来了。但姥姥对此严重不满："小娃娃家家的，的脑大！"至于这个"的脑"是什么意思，山西方言里可以查一查。

你以为呢，有了思想有了地位的人，那么好管吗？

回首往事

妈妈：

参政议政可以有，但不能过度。

小孩子管好小孩子的事，大人管好大人的事。

各安本位。

家庭中的错位和越位，都会有一些后果产生。

让小孩子过多参与大人的事务，一是超越了孩子的年龄所能承载的责任，带来了过多压力，容易引发焦虑；二是过早进入成人的世界，损失了孩子独有的天真，得不偿失。

孩子：

妈妈确实经常夸我，眉飞色舞的那种。由此，小学当了三年的纪律委员，初中当了两年物理课代表，高中当了三年化学课代表。一开始是一丝不苟地当老师的狗腿子，后来逐渐升华，变成了小机灵鬼。人嘛！

千万别在敏感期与孩子拧着来

为啥犯轴？

总是在某一段时间，你会发现小孩子特别"轴"。折腾个什么事，没完没了，反反复复，就是一副认死理、死磕到底的架势。

大猫最"轴"的一件事，就是刚上幼儿园的时候，午睡起来，可劲儿地折腾她那双袜子。左右穿不上，还坚决不让别人帮忙。穿了一次又一次，穿了一次又一次。别人快看疯了，她也快疯了，但仍旧坚持，不屈不挠。不就一双袜子的事吗？至于这么较劲儿吗！

这还不算，还要挺着小胸脯严正声讨老师："老师特坏，非！常！坏！""为什么？"接下来人家可是说得头头是道，有理有据："我说动动向日葵吧，她不让我动向日葵。我说聊聊天儿吧，她也不让我聊天！"结尾，再狠狠总结一句："老师特坏，非！常！坏！"

这么别扭还不顺毛的小孩，还振振有词地评点老师？！

好吧，除了这家伙说话爱扎人、炸毛并且不服管的解释以外，还有一个比较正常的解释：叛逆期到了。

谁说叛逆期就是青春期？1岁半到3岁左右是儿童发展的第一叛

逆期。这个时期，总的意思就是要求自己干事，要求"我"的主张。"不！就不！"是人家对自己权益的捍卫。"我能干！"是人家对自己能力的自信。"别管我！"也是人家对独立的明确诉求。

我长大了——懂不？就这一句话！

人家爱干活，就让人家干呗！还能累着咋地？

人家要长大，就让人家长呗！还能不让人家长吗？

要是和这样一个勤劳又勇敢的孩子对着干，大人的脑子就真是不好使了。叛逆期，孩子较劲，大人不较劲，也就轻轻松松过了。孩子较劲，大人也较劲，就折腾到一块儿了。

话说回来，既然"期"这个字眼现在被人们如此热炒，那咱们就来说说大家最关心的各种"期"吧！

就我的看法而言，作为参照就好。比如，秩序敏感期：2至4岁。事实上，孩子对顺序、所有物和生活习惯的敏感，从几个月的时候就已经开始了。2岁的时候就已经快达到高峰了。这个数值不是那么绝对化的，不用死记硬背。

蒙台梭利在研究中把婴幼儿的敏感期归纳为9个，其中以0—6岁为标签的有三个，6岁以前的敏感期总共占到了8个（下一小节详述）。这说明了什么，6岁之前的教养至关重要。而6岁以前，我们最需要发展的是什么？就是身体。眼睛、鼻子、嘴巴、耳朵、手脚，就是全身。简单说吧，宝宝身上长了什么，就别让什么荒着闲着。眼镜看、鼻子闻、耳朵听、嘴巴说、手脚动，全身嘛，只要皮肤能感受到的地方，就去运动，去接触。

要是只求单方面的发展，就会比例失调。所以，就让它们协同运作一下，上下肢、脑袋和身体，各个器官联合联合，也就和谐了。

皮亚杰、陈鹤琴等儿童教育研究大家，最了不起的贡献就在于对孩子细致和长期的观察。如果我们留神观察也会发现，在某个时期孩子会变得邪乎得很，总对一种事情、一个动作、一些物品产生浓厚的兴趣，翻来覆去地折腾。一不让人家做，就闹得要命，哭天抹泪的。好吧，孩子的敏感期到了。他盯着什么不放，就是在什么上面的发展增强了，也就是对什么敏感了。所以，这个时候，别硬拗着孩子，别和人家对着干就好啦。

人家老是要摸摸碰碰那些东西，你就嫌人家不省心；

人家坚决维护自己的珍宝和领地，你就说人家小气；

人家不让你改变家里的布局和生活习惯，你就觉得人家矫情；

人家上蹿下跳，你就要求人家消停一会儿；

人家唠唠叨叨，你装聋作哑不搭理人家；

人家盯着细枝末节不放，你就给人家个冷脸。

这就是咱不敏感了不是。

敏感期有哪些

所谓敏感期，也就意味着孩子这个方面的发展契机到了。我们要做的是：

第一，别犯傻别迟钝。眼里看到了，心里就要有个嘀咕，他这是在干吗？

第二，积极回应，创造更丰富的条件和更好的交流机会。想想我能做什么？

第三，不制止、刺激和打压孩子，除非有碍安全。有的大人特别不讨喜，故意拿孩子在意的事情逗人家，孩子不让别人动自己的玩具，大人偏就拿走，气得孩子鼻涕一把眼泪一把。孩子也是人，你们这是在干吗？逗孩子要有个度，逗得太过分，作为父母就要挺身而出，维护孩子的合法权益了，别只撑着自己的面子，让孩子受伤害。

下面我们来看一看谈得比较多的敏感期。

语言敏感期：0 至 6 岁

婴幼儿时期就是语言发展的关键期，所以，生下来就要和人家说话。孩子不会说，可是会听啊！就像往银行存钱，前面下的本钱，后面会连本带利还给你。对孩子说话说得越早，说得越多，孩子的语言发展就会越好，智力发展也会越好。所以，打人家生下来，没事就和孩子聊天吧，嘴巴忙着，手里也别闲着，给人家做做什么婴儿操之类的，就是活动手脚、全身抚触之类的，是爹妈都会的。有音韵的儿歌童谣也是很好的选择，节律、韵脚再加上爸爸妈妈的温柔抚爱，生活不能再美好啦！

秩序敏感期：2 至 4 岁

这个比较抽象，也就是我们之前说的别扭和矫情，孩子是在维护自己生活领地的秩序，这能够让他获得可以掌控的安全感，这也是孩子今后形成良好生活秩序的开端。今天不知道明天的日子，下午找不到上午的东西，身边每个人的角色变幻莫测，谁愿意过这样鸡飞狗跳的生活呢？安心自在，在于生活的稳定。生活的稳定，会给孩子心理上带来极大的安全感。所以，万物各安其位，井井有条，太阳明天照样升起，这就是给孩子所谓的秩序感了。这也是孩子最初能够理解的所谓的"规则"。不过，太死板就显得有些单调，不免呆滞，可以在某些环节或某个事情的做法上，稍稍有些变通与创意，孩子也会觉得好玩。规矩加创造，皆大欢喜。

感官敏感期：0至6岁

从头到脚看一遍，孩子长了什么就要用这些零件干什么，让它们全都好好动起来，一个不能少。当然，别忘了抚触和拥抱。还有，软的、硬的、大的、小的、方的、圆的、单色的、彩色的、有气味的、没气味的、有声音的、没声音的等各种物美价廉、安全简单的玩具。不过，千万不要满坑满谷一下子全塞给孩子，一次就玩一件两件，大人和孩子一起充分地玩、有耐心地玩、有序地玩，才是好的玩法。玩具一多一乱，孩子哪件也玩不到心上，胡丢乱扔，耐心全没了。纯粹是用厌恶法害孩子呢！

对细微事物感兴趣的敏感期：1.5至4岁

孩子对小的、细微的东西的兴趣与观察能力远远超过大人。千万别小瞧孩子对这些小玩意的兴趣，观察和抓、捏这些小东西，是在发展他们手部的肌肉和手眼协调能力，就是我们之前所说的多器官联合运作，这会为孩子精细动作的发展打下很好的基础。小扣子、小豆子、小蚂蚁、小虫虫，都是他们绝佳的观察对象。孩子有耐心做这些事，会对他们今后学习和做事的耐性、细心程度起到好的影响。所以，别打扰人家的工作，爱护并收藏好人家的小宝贝，和孩子一起好好摆弄和研究这些小玩意，亲近大自然，就是我们要做的事。

动作敏感期：0至6岁

动作发展贯穿整个婴幼儿期，不动的孩子是有问题的。小肌肉运动与大肌肉运动缺一不可，小肌肉发展精细动作，大肌肉锻炼体能。当然，孩子身体的总体发展顺序是先大后小，先粗犷后细致，先粗线条再细线条。户外锻炼和大型器械锻炼是必须的。就算是手部动作的发展，也是敲敲打打之后才是揉揉捏捏，才是切切剪剪，才是缝缝补补，这也就解释了为什么不让那么小的孩子学写字的原因。写字与画画不同，对手眼协调以及精准性的要求更高，所以，没事别逼着人家学文化！

书写敏感期：3.5 至 4.5 岁

大家不要以为这个时候就要开始书写，原因前面讲过。书写的概念十分宽泛，画线条、走迷宫就是"前书写"期的训练。"前书写"不是"正式系统的书写"，而是涂涂画画、涂涂写写，模拟文字或符号。前书写期不是写字，而是为孩子将来进入小学正式学习写字所做的描画式准备。可不是一说书写就是要直接写数字、写汉字，别把孩子整残了！

阅读敏感期：4.5 至 5.5 岁

事实上，这个提法不够准确。等到这个时候再读书就有些晚了。亲子阅读从婴儿期就开始了，只不过那个时候是大人读，孩子听和看图。然后就可以大人搂着孩子一起读图画书，渐渐过渡到孩子对图画书的独立阅读，再逐渐过渡到桥梁书，最后到文字书。读书习惯的养成，我们后文详细说明。

文化敏感期：6 至 9 岁

如果我们将"文化"的定义宽泛一下的话，从孩子提问"为什么"开始，文化就已经进入孩子的视野了。天文地理艺术科学等，以孩子的兴趣为起点，为孩子创造好的学习氛围。我们可以扮演"导游"和"推介"的角色，但不必强买强卖。

最后需要说明的是，别被各种"期"吓坏了。把握住了固然好，没意识到溜走了的，再注意弥补一下就好。别因为这些名词与概念给自己和孩子增加那么多负担。

现在专业领域一般不说"关键"期，而基本选择了"敏感"期这个说法，从两个字眼的区别，我们可以想到其中的差异了吧？"关键"期也好，"敏感"期也罢，并不等同于"唯一"期。重要是重要，但并不绝对。

回首往事

妈妈：

好的教养建立在父母对孩子需求的敏锐把握之上，而非记住几个概念，掌握几个时期。

意大利瑞吉欧教育有个理念非常好，即关注孩子的寻常时刻。真正的教育发生在日常点滴之中，一锤定音和一招奏效的教育是神话，是幻想。尤其要避免的是打着抓住关键期的旗号，对孩子进行掠夺式、过度侵入式的开发。

孩子：

逆反期，根本就是贯穿我的人生，不存在什么阶段，因为我就没有特别听话的阶段。有道理，咱就听，没有道理的话，就算我到 100 岁也不会听进去一个字的。

　　毫无目的的叛逆，为了叛逆而叛逆，图啥呢？叛逆，在我这里解释为一种别扭劲儿。大人们，扪心自问，谁没有个别扭劲儿呢？也就是说叛逆并非一种罪过，只是性格特点而已，有些人张扬一点，有些人隐藏得比较深而已。

　　我爸就是别扭大王，别人夸奖他，他反而讨厌那个夸他的人，真是让人摸不着头脑啊，哈哈哈。话说回来，我小时候可真是个烦人精。不过，动动向日葵怎么啦？

玩是孩子最好的学习状态

玩是生活的全部

工作、上班，不是只为了挣钱这一件事吧？价值感、认同感、归属感、成就感等都在其中，还有所谓的社会地位和圈子。

玩，对于孩子来说，也绝不是玩本身。玩可以说是他生活的全部。吃好喝好在孩子的心目中反倒没有那么重要，只要能玩，其他什么都不在话下。对一个孩子童年生活的价值与未来发展的需要来说，玩更是意味着全部。

当一个人能够对世界万物、对生命都能全心全意投入无比浩大的好奇和兴致的时候，就是一个人最好的学习状态。

用"不眠不休""穷追不舍""百折不挠"这些词来形容孩子对玩的态度时，大家一定认为是对的，但可能很多人并没有意识到，这就是孩子最原始的对待学习的态度。将这样的状态迁移到学习上，好学生绝对没跑了。

对爱学习的人来说，学习本身就是目的，就是动力，求知是最大的乐趣。陈景润钻研数学只为证明那个猜想，王小波博览群书就为了找乐子，根本无需奖励，别谈钱，谈钱伤感情。换句话说，喜欢了就什么都不必要，不喜欢整什么奖励都白瞎。当我们痴痴傻傻爱上一个人的时候，还需要再赏块糖吃吗？

过度地给予奖赏和过度地依赖外部的奖赏，结果却压抑和抵消了孩子内在的积极动力，真是得不偿失。

比如说——

乱涂乱抹，是在体验色彩、形状与结构；

玩沙玩水，是整合身心、释放情绪，促进心理健康的同时，空间、模具还有水利工程等概念的获得尽在其中；

攀高爬低，可不止是锻炼身体，重要的是整合感觉，统筹大脑与肢体，对于剖腹产的孩子来说尤其重要；

积木造型玩得好的孩子，空间想象力就相对比较好；

过家家玩得好的孩子，想象力和创造力好，更重要的是知晓了社会生活和人情百态，预演了人际关系；

跳格子顺便玩了数学，扔沙包还感受了抛物线，这些规则游戏的制定者和执行者都是孩子自己，对世界的掌控感，对规则的遵从与调适尽在其中；

养花鸟鱼虫不光亲近了自然，还增强了孩子的同理心。

孩子一玩家长就大惊小怪，要不就是在旁边指手画脚。被大人吓得不敢玩了的、被大人絮叨得不想玩了的孩子满地都是。

对于玩这件事，我认为评判的标准就两个，一是要保证安全，二是不影响他人。然后，爱怎么玩就怎么玩吧。要让孩子发展好，就要让他玩得好，其中的关键是能否让孩子玩得深入、持久、高大上。

儿时玩得好，大了学得好。在健康的游戏项目上玩得很高级很深入的孩子，学习能力不会差。

第一，玩得好要有耐性（半途而废的肯定没戏）；

第二，玩得好要动脑子（没听说不动大脑就能成事的）；

第三，玩得好要有钻研精神（不断琢磨、时时钻研才能持续提高段位）；

第四，玩得好要经得起挫败，还要善于总结经验教训（失败是成功之母）；

第五，玩得好要会低头向更牛的大腕学习和求助（榜样的力量是无穷的）；

第六，玩得好需要迁移经验（一通百通）；

第七，玩得更高级往往需要团队合作与资源整合（互助双赢）；

第八，玩得更加高级就要打破并创建规则（创新创业人才）……

这几点，都是学习能力强的具体表现。说得再全面一些，玩，就是尝试。孩子玩的种类、项目越多，就越能找到自己的兴趣点和强项。一个人最喜欢做的事，就是他将来发展的强项，也是他在这个世上真正的立足点，是他的天赋所在。不让孩子玩，就剥夺了孩子找到自己的可能。

抛开中国人对于学习的格外重视，孩子的玩乐更能保持精神上的健康。在游戏中孩子释放了情绪，整合了身心，游戏是孩子心理言语的出口和心理健康的通道。通过游戏获得的掌控感和自由感，是现代社会的孩子最为匮乏。每天被父母盯着管着甚至被操纵着的孩子，只有在游戏中，在与同龄或混龄的小伙伴的交往中，才能找到作为孩子独特的存在感和价值感。

在游戏中孩子释放了情绪，整合了身心，
游戏是孩子心理言语的出口和心理健康的通道。
通过游戏获得的掌控感和自由感，
是现代社会的孩子最为匮乏的经验。

爱玩和会玩意味着一个人对生活永不枯竭的热情和创造能力。生活在他的面前总会有无尽的可挖掘性。闲暇时间的质量就是一个人生活的质量，我们很少听说爱玩和会玩的人会出现抑郁的情况，而玩得少的孩子，往往容易输不起。

在年少时代人缘好的孩子，有很大比例都是因为这样的人好玩有意思。这样的人也是自带光环的，小孩子说不出来"有趣"或"乏味"这样的词语，但他们心里的判别可是清清楚楚。

儿时不会玩的孩子，长大了往往也会是一个乏味的人。

儿时没玩够的孩子，长大了会以某种方式进行补偿。小时候憋着没玩的孩子，一玩就玩出格了。

儿时建立正向、丰富而健康的爱好，以及相应的圈子，大了以后跑偏的概率就小。

儿时圈养不出门的，一撒出去就找不着北了，心里没数又遇上了花花世界，所谓人傻钱多，就是这个意思。

现在的问题是，大人要么见不得孩子玩（有那时间不学点有用的），要么逼着孩子"玩"（这兴趣班那小组的）。大人根本没整明白：

第一，玩不好哪有心思学习，一手写着字，一手还偷偷搓着泥巴呢，不让孩子玩够了，是坐不下来学的。再有，就像前面说的，在儿时阶段的玩就是学，不会玩的孩子学习上也不开阔不开窍，就会按照标准答案回答问题，哪有脑子自己琢磨事儿。不会自己琢磨事儿的孩子，不光呆滞，还很危险。

第二，兴趣班百分之八九十都是大人的兴趣。强按牛头不喝水，就算按下去，也进不了嘴里几口，被水呛着的例子满地都是。逼着玩的就不

是真的玩，说是某某游戏，其实是游戏孩子。不是孩子玩，是玩孩子。

怎么玩

说到玩，我们需要考量的就三点：在哪儿玩，玩什么，和谁玩。

答案一，外边玩。

不管男孩女孩，养得太精细都会出问题，男孩穷养女孩富养，不必这么绝对。穷与富不仅仅是指物质与金钱，更多的是心灵的匮乏与丰盛。总在物质上打转转，给孩子的东西只能是表层的。我的意见是，身体上糙点儿，眼界上富点儿。

回想起来，意识到需要把大猫带出去吹风，是因为有一天突然发现人家总会为一些话题掉眼泪，那么小的小人儿家家，迎风落泪的，多愁善感到如此地步。反正就是不能听什么关于人老了病了死了的话，一提，人家就想到姥姥身上，直接双目垂泪。这样没错，是一个有感情有良心并且情感细腻的好孩子，但这样也真的不好，女孩子本来就情感细腻一些，再这么细腻下去，将来不得成林黛玉？在苦哈哈的生活面前，不得糟心死啊！

开阔心胸靠什么？户外锻炼！不二法宝。

对姥姥说："别吃那么好啦，饿不死就行。别那么爱干净了，不干不净也活得下去。腾出时间来院子里晃着！你坐着，让孩子跑着！"

对孩儿他爹说："你不是爱下棋吗？出去下去！把你家闺女带上！你玩着，抬头瞟几眼就行！"

我们就结伙出去吹吹风了，集体蹲墙根，晒得个个非洲鸡！大猫撒欢，我们打蔫儿。

姥姥唉声叹气："这下好，眼里见了风了！就不在家里待着了！和个野孩子似的！"顺着姥姥哀怨的目光望过去，大猫正撅着个屁股，灰头土脸，一门心思和几个秃小子努力刨土坑，用劲儿刨。

答案二，啥都玩，啥不值钱就玩啥。

外面的：土、沙子、泥巴、花花草草树叶子，我们管这些东西叫：自然物。还有太阳、空气、星空以及不定什么时候刮来的大风、下起的雨雪。你说不出它们有多么神秘，但是对于孩子而言珍贵无比。土和沙子一定别少了水，有水才有更多的形。植物能编、能压、能吃、能种，培养观察能力最好的对象就是植物，时时不同，日日有异。

家里的：面粉、米粒、豆子、模具、筷子、毛巾、布块、细绳、钝头圆头的剪子、木板、竹棍、纸盒子、纸箱子、瓶子、瓶盖、棉线、卡片、彩纸、报纸、胶水、榔头等。

买来的球，各种球，质地、颜色、大小反正不一样，再买一个还是球，以及乒乓球羽毛球、水桶、铲子（玩泥玩沙）、跳棋、飞镖、保龄球（还是球）、锣鼓喇叭打击乐的那套、积木拼插拼图的各种、油画棒印泥橡皮泥、电话（必须要可以自己按键的，那种自动播放的不算）、跳绳、毽子、沙包（还可以自己做）。

看看，都是省钱的，实在想费钱，就弄个有音高的乐器蹲着，不过，可要保证音准不出岔子。不光省钱，关键是，一个玩具越是低结构的、能拆装重组的、能一物多用的，就越是高质量的。为什么？无一定之规啊！想怎么玩就怎么玩啊！创造力无穷啊！

比如，跳棋，不光能跳棋，还能顶在小拇指上当个帽帽，还能一个套一个站得老高，一个接一个摆长溜，一个挨一个围成圈。这是锻炼孩子手眼协调的上佳游戏！

还有积木、拼插玩具，造型千变万化，想弄成什么样就看本事有多大。

拼图从四块八块十六块二十四块逐渐增加，难度无上限。

球的玩法无穷无尽，大猫抱出去，顶着玩、滚着玩、拍着玩、踢着玩、坐着玩、扔着玩……别的孩子眼都直了，吸睛无数，人气超高啊！孩子们心目中的明星莫过如此。

真正会玩的，不是花钱就能办到的事！

早期教育不是上早教班。它是孩子日日接触的生活、环境和人所能发挥的影响力的总和。

玩具也不是标着"玩具"两个字才能叫玩具。把本来不是玩具的东西玩成玩具，才算慧心慧眼。

越是废旧材料的利用和重组，越能显出"创意"的能耐。浪迹天涯的三毛没事就爱在街道上逛一逛，在人们丢弃的垃圾里搜搜看看，硬是在沙漠里用废旧材料装饰出了独一无二的家，而人们趋之若鹜的798，原本也就是一个废弃的厂区。

什么是创造力？在平凡、普通、司空见惯的环境中发现惊奇和惊喜，这就是创造力的体现。发散性思维，总结一下，无外乎就是"还能做什么？"以及"还能怎样做？"这两句话吧。

这些说起来很厉害的能力，在孩子们的生活中，基本可以概括为类似"这片树叶还能干什么？""球还能怎么玩？"这两个基本问题，关键是我们问孩子了没有，我们和孩子一起摸索了没有？参与的人越多，实际操作得越多，孩子的思维就越容易被打开。

花钱买罪受，我认为说的就是给孩子们买电子产品这档事。孩子们看的电视越多、接触电子产品越多，想象力的发展就越受限，与人交流的能力就越弱。所有的事物都呈现在眼前，一目了然，哪还用得着再去思考，尤其是深入的思考。电子产品的反馈都是即时的，瞬间转换，相对于需要漫长的系统的学习和探索而言，电子产品显得太轻省太松快了。相比之下，孩子当然趋向于不假思索的简单快乐，但这样随心转换的简单快乐却是学习的大忌。

沉不下心也坐不住的孩子，他们的生活形态就像一个个绚烂的广告片，零散、凌乱、来得快去得快，看起来五颜六色，揭开来空心萝卜。

至于说到与人的交流，电子产品多好搞定多好掌控啊！现实生活多复杂啊，哪个人哪件事不得费费心思和脑力。越和机器、虚拟空间打交道，孩子的现实感就越差，或是冲动，或是逃避，反正虚拟世界做什么都可以不负责任，网络一断，即刻消失。习惯了在这样的世界里逍遥称霸的孩子，怎么还能适应现实世界的坎坷挫败呢？

对于孩子接触电子产品这件事，我认为越少越好，越晚越好。

话说此时的大猫没事就和她的巧手姥爷敲敲打打、叮叮当当的，和个木匠没啥两样。最喜欢的事情是开商店，用名片纸片各种片片做一堆假钞，用小箱子小盒子做成收银台，然后硬是要把我们自个儿的东西再卖给我们，一本万利的奸商！

电视？顾不上看，哪有时间？没事不就在外面刨坑呢嘛！要不就用那些废旧材料忙活着搞基本建设，给自己置办家产呢！

再举个例子吧，大猫1岁1个月握笔就握得绝对标准了，人家给她满把抓，她还要自个儿换换手拿对，后来还学会了自己用力拔笔帽。1岁8个月边说边搭积木："搭高楼！""排队！"自己拿筷子吃饭，2岁用筷子夹黄豆绝无问题。结果呢，上了幼儿园很是郁闷，因为幼儿园小班的小朋友用的都是勺子。大猫很气愤！老师居然连筷子都不给？幼儿

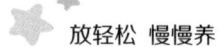

园居然连筷子都没有?

手巧心灵,这话绝没有错。况且,就说动手能力这一项,现在的孩子弱爆了。以前家里的水、暖、电、家伙物事出了毛病,谁修?男人啊!我那巧手的爹,修自行车、编笊篱、盘扣包粽子、砌墙盖房子,样样拿得下!眼下呢,大家有活都是找专门的工人干了。

有几个孩子能把自己周遭打理得井井有条?市场经济不是还讲求奇货可居吗?就冲这一点,动手能力强的孩子已经牢牢立于不败之地了!

大猫最爱的玩具是木头美人、金属人。我详细解释,木头美人就是一根弧形的像人形的木头棍子,外面涂漆描画成一个民族美女的样子,就是一个装饰品而已。大猫怎么玩?抢着玩!单手抄在手里,舞动得虎虎生风!一不留神敲头上怎么办?吓死我了!我们越琢磨着怎么给她缴了械,她就抢得越来劲儿!到后来,别说靠近了,只要我们眼神一瞟过来,她就跟按了电门似的抄在手里,抢!得得得,权当玩哑铃,锻炼臂力了!

至于那个金属人,更是不值钱,就是一个小小的金属片,雕琢成个人的模样,比纽扣大不了多少。人家心爱呀,藏在这里藏在那里,然后,然后?找不着了呗!放声痛哭,全家折腾。好不容易找着了,人家鬼鬼祟祟地藏好,然后,又找不着了!痛哭!继续找!

“上档次”的玩具就是几部电话和手机玩具,还有别人给的手机模型。芭比和成套的过家家的玩具什么的,很有限的几套。上小学以后,我给人家买的收银台和织布机是最贵的玩具了。直到今天,人家想起来还恨恨的:“妈妈!那会儿我好不容易有个遥控的玩具吧,你们还不给我买电池!”

答案三，和谁玩？无所谓！

能混朋友就混着，不能混朋友就看着，总而言之要和小伙伴在一起，要沾染孩子气，老和大人在一起的孩子往往不太像个孩子样儿。

我们自己家的院子里，有研究员的孩子，有工人的孩子，父母职业各异。姥姥家院子里就更多样了，有农民工的孩子，有练地摊的孩子，背景来源广泛。大猫和谁玩，我们从来不管，玩伴还要分个三六九等？接触得越多才越有能力分辨，也才越有能力应对。在这件事上如果父母都要做筛选，难不成从小到大的朋友都要一个个经过父母面试？放手让孩子玩呗！快乐是第一要务。什么事，大人一掺和总是变了味儿，就连玩都不得自由，孩子是有多可怜呢！

奇奇是姥姥院子里的一个小男孩，大猫从不让姥姥抱奇奇，羡慕嫉妒恨呗！姥姥是自家的，肥水还不流外人田呢！玩着玩着，情形就有所不同了。突然有一天，大猫大喊："姥姥，抱奇奇！抱奇奇！"天哪！姥姥惊得嘴都合不上了！奋力冲过去，一把抱住了奇奇。谁知奇奇挥拳舞腿，硬是不从。定睛一看，姥姥方才明白，奇奇正在和大猫争一个小土坑！姥姥的爱心和感情就这么被大猫利用了！奇奇猛然间受到这样前所未有的宠爱，受宠若惊之余，连打带踢，愤恨不已！

可这有什么呢，一点都不妨碍他们继续做朋友。过后，俩人照样并肩挖土坑。

小孩子不会记仇，记仇的都是大人。

回首往事

 妈妈:

因为最重要,所以还是要补充一下。

人生每个阶段都有特定的任务需要完成,人是生物体,自然规律不能违背。从发展心理学和教育心理学的角度来看,童年阶段重要的任务就是游戏。如果人为地跨越或规避了这个任务,孩子后续的学习能力、人际交往、情绪平衡等都会受到不同程度的影响。尤其是跨越了游戏阶段,直接进入知识学习、才艺学习,将孩子提前置于成功的压力之下,有可能使孩子陷入遇事退缩不敢尝试,事后又内疚自责的矛盾之中。

弗洛伊德认为,游戏是补偿现实生活中不能满足的愿望和克服创伤性事件的手段。埃里克森认为,游戏是思想与情感的一种健康的发泄方式,是自我的机能。皮亚杰的认知发展理论认为,游戏是儿童认识新的复杂客体和事件的方法,是巩固和扩大概念和技能的方法,是使思维和行为结合起来的手段。感知运动期出现练习游戏,前运算期出现象征性游戏,具体运算阶段出现有规则的游戏。游戏的形式和内容代表着儿童发展的水平是否处在相应的阶段。

从平衡的角度来看,此时不玩,他日也要玩。现实中不玩,虚拟世界也要玩。长大以后玩"疯"了的人,往往是童年阶段的玩太匮乏了。

孩子：

疑惑一，你们真的喜欢跟我一起玩吗？在我看来，小时候我爸爸是最不喜欢和小孩子（特别是我）玩的，我还在傻呵呵的扔球阶段，他却想找个真正的对手打篮球；我还不会游泳呢，他却要把我扔在浅水区，自己去深水区畅游；我跑两百米都费劲儿的时候，他却要一个人跑几公里，远远地把我甩在身后，像骑着一匹马，扬起沙土，呛我一脸。关于我们三个一起蹲墙根的描述，极其非常特别不准确！我爸在我小时候就是这样一个独行侠。妈妈她一直很忙，她工作的时候，我一个人边荡秋千边看着小孩子们拉着大人的手一个个走掉，这时候的幼儿园是我一个人的幼儿园，是滑梯没有人抢可以坐一百遍的幼儿园，也是大笑一百下都没有人回应的失乐园。

疑惑二，为什么小孩子不能玩其他玩具呢？土、沙子、泥巴是好玩儿，可是只有这些可玩的日子也确实很沮丧。大人们一厢情愿地觉得什么对孩子好就给孩子什么。作为一个女孩子，我只有一个可以换装的芭比（还是秃顶），有一个酷炫的电动遥控摩托车（当然是姥姥给买的），只用过一次就再也不给买电池了。我小时候跟电动玩具基本不沾边，唉，我多想能给芭比多买几套衣服，多想给遥控汽车多上几块电池啊。

"玩中学"
和你想的不一样

孩子通过不断重复加深学习

小孩子的玩在大人眼里，一般都会被冠以两个字：无聊。就那么点事儿，重复一遍又一遍，重复一遍又一遍。滑梯爬上去滑下来，上台阶爬上去爬下来，还高兴成那样，有什么意思啊？事实上，孩子是在重复中不断加深学习的，蒙台梭利说："反复练习是儿童的智力体操。"重复一次就有一次的收获。

在不断的重复中，孩子清楚地知道接下来会发生什么，并以此为基础来建立起对周围世界的信任，反复获得确认与肯定，从而也获得内在的安全感和秩序感，对生活实现了某种程度的掌控与选择。这就是人家的圈子，安心自在，自足圆满。尽管是小小孩，也要有对世界的驾驭感，要有安稳的生活秩序，人家才不要过那种心慌无措又没把握还变数陡生的日子。

熟能生巧，乐趣就在其中。一旦和之前获得的印象有一点点不一样，孩子敏锐的辨别力和洞察力就跳出来了。反复的过程既培养了孩子的专注力和注意力，还让孩子在不断的重复中获得了父母持续的关注与互动，有助于形成稳定亲密的关系。

比如，一遍遍地爬。

孩子的每个成长阶段都不能跨越：翻身、坐、爬、直立行走。人是生物体，自然规律不能违背，在孩子发展尚未成熟之前，要耐心等待，人为提前加速没有好处，弊端倒是不少。

在走路之前，让孩子爬，充分地爬、大量地爬、一遍一遍地爬，无论是剖腹产还是顺产，同样重要。从身体发育方面来讲，会爬的孩子上臂的支撑能力强大，四肢的协调能力就好，遇到紧急事件的时候，上臂的作用就出来了，一旦要摔倒，就会本能地用胳膊支撑，没爬好的孩子上臂无力，一摔跤直接就是脑门着地。最典型的事件就是，一个孩子从滑梯上摔下来是直接"飞出去"的——两臂紧贴在身体两侧，像火箭一样笔直！你敢想象这样的画面吗？

如果爬得少，之后容易出现的问题是，四肢不协调，做一个动作上下不对付，左右不顺溜，学个操跳个舞，都有困难。更重要的是对图形的识别障碍，写数字或文字，左右颠倒、上下扭转。这就是被人们热炒的"感统失调"，身体与大脑的统合没有做好。

爬行，是最好的灵丹妙药。走路迟早都要走，早早走路有什么好炫耀的！这可不是什么好事。只能证明：一，爬得少了；二，用学步车之类的多了。我在这里无意伤害一个产业的感情，但是能不用就不用，能少用就少用。早早要求孩子学走路，不是大人懒，就是大人憨哪！

大猫姥姥平生最爱一件事——干净！大猫爬得灰头土脸，爪子墨黑，这在我们年幼时是不能想象不能容忍的事。为了外孙女，姥姥的脸皮都没了，一有邻居来，姥姥就赶快解释："她妈非要让爬，你看这脏的，衣服脏的，手脏的！唉！"话说千遍淡如水，可是每每有新人出

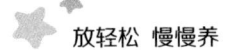

现，姥姥仍旧继续解释，脸面要紧哪！

想起大猫那时干的一遍又一遍的事，首推打羽毛球。这件事回想起来，真是惨不忍睹，谁也接不住谁的球啊！她的球打过来，我肯定接不住（关键是，她发球一般都是靠扔的，极少能用拍子拍出来）。我的球，她也接不住，经常把拍子丢出去指望它自动找我的球。我俩就这么着打球，打了很久很久，你尽可以想象，无数次的捡球，我的那个腰啊！但功夫没白瞎，大猫上了小学，打遍全班无敌手！那球有力量的，把男孩子都揍趴了！也不想想是和谁练出来的，也不想想练的历史有多悠久！后遗症倒也有——球经常出界。

大猫丁点儿小的时候最爱干的事——"戴昂（太航），阿园（幼儿园）"（指的是我们家对面的太航幼儿园。当年这所幼儿园有个非常好的做法，休息时间户外大型游戏设施对社区居民开放）。她的话，我们都懂，每个孩子说的话，爹妈都懂。这就是陪着长大的好处——再次重申！

于是，我和她爸就扛着人家出发了。滑滑梯还好啦！最悲催的就是跷跷板。我要正常坐上去，她一定被高高举在空中，根本不是一个重量级嘛！这结果，大猫根本不满意，人家要的是和你平起平坐。于是，我就从此变青蛙，两腿不停弹跳，保证跷跷板上下正常。她爸更别提了，别人玩跷跷板是用屁股坐的，他那块头，只能用手压！用腿？你的腿能抬那么高啊？

每次结束，大猫趾高气扬，我跟她爸爸，两人一个上半身废了，一个下半身瘸了，互相搀着回家，然后快速休养生息，备战下次。

鼓励孩子勇于尝试

光拼体力不行啊！咱还得练胆子不是？那时公园刚刚兴起所谓的"蹦极"，就是在平地把人五花大绑然后扔到空中，再上下忽悠几圈，玩的都是年轻人。大猫一次次要求去公园，去了就看这个，不走，动心又害怕。好几次之后，我就撺掇她："试试呗！试试呗！我看人家绑得挺好的，挺安全的！"瞅着她犹豫了，哈！小孩子也会犹豫嘛！我就起哄架秧子地把她推出去了，反正又不是强迫，她不也是半推半就嘛！然后，她就稀里糊涂被扔上天了！你知道，这么小的小孩，扔上去找不着啊！照片拍出来都看不清。扔完了，人家下来把脸埋在她爸的肩膀上，在我狂热的夸赞声里，笑，然后，眼泪就下来了："我，我浑身痒痒！"这还用说，吓得呗！

然后就是"激流勇进"，也是看了一次又一次，也是被我忽悠上去了。懵懵懂懂上去，被水浇得乱七八糟出来。这回人家淡定地把话说完整了："第一赤（次）还挺好的！第二赤（次）可把我吓屎（死）啦！"

姥姥严重抗议："你们这是亲爹亲妈吗？有这么吓唬孩子的吗？"

凡事总有第一次，你鼓励他、帮助他、陪着他尝试各种各样的第一次，孩子就会有勇气尝试和面对更多的新鲜与变化。第一次做好了，很好！我们还可以加油继续。做不好呢，没关系，第一次嘛，我们又不熟悉，做不好很正常。不只怂恿孩子尝试第一次，我们也在孩子面前尝试第一次，大人的勇气和狼狈都在孩子的眼里。亲兄弟，父子兵，彼此彼此，大家都一样。哈！大人原来也这样。孩子的恐惧和怯懦会由此得到舒缓。在患难与共和互相鼓励中，感情深厚了不说，更重要的是，在切磋之间，孩子懂得了有问题可以相互交流与学习，三个臭皮匠赛过诸葛

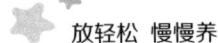

亮，水平自然而然也就上去了。

各种的"第一次"积累下来，孩子的勇敢与自信也就升起来了。

从这时开始以至后来，大猫成天忙着与天斗、与地斗，与各种体育器械斗，哪还有闲情迎风落泪对月伤怀啊！林妹妹一点点变成了孙大圣。还用得着你去安抚一颗容易受伤的脆弱心灵吗？人家比咱强悍多了！语言的苍白无力与行动的立竿见影，由此可见一斑。

"自然缺失症"

说到此间，豪情顿生。毛泽东同志曾经说**"文明其精神，野蛮其体魄"**，这话放在现下真是切中要害。孩子们整天宅在家里用各种高科技，学习没学好，身体全搞垮。如果在生命力最昂扬的童年、青少年阶段都活得气力不支慵懒闲散，还能指望这样的孩子将来顶天立地长成栋梁吗？

运动和锻炼的缺失也是现在的孩子意志力和耐受力薄弱的重要原因之一。吃苦耐劳这个词，本义是并列式的，但我们也可以换一种因果式的理解，吃过苦才能"耐"劳。"苦其心志劳其筋骨"反着写似乎更合适。幼儿园的门里嗡嗡嘤嘤哭的是男孩子，门外心疼孩子潸然落泪的是爸爸！我们的男人怎么了？细腻婉约到如此地步，怎么应对生活艰险？在人生常态面前都一筹莫展，更别提荒野求生灾难自救了。

在童年期培养至少一种体育运动的习惯，其意义不只在于增强体魄，对孩子的人格和社会适应能力的发展更有着重要的价值。科技越发达，身体越珍贵。经风雨，长筋骨，只有在大自然中才能实现。人是土地之子，这是希腊神话中的巨人安泰也是所有的人的命运。离开了大地，他就注定生无所依一败涂地。

美国作家理查德·洛夫提出的"自然缺失症"概念为我们指明，"孩子就像需要睡眠和食物一样，需要和自然的接触。"孩子在大自然中度过的时间越来越少，从而导致一系列行为和心理上的问题，诸如：对自然界缺乏起码的尊重，忧郁和注意力缺乏有上升的趋势，各科学业水平以及创造力的下降，儿童肥胖症高发等。

我们要做的只是——把孩子从家里带出来！

回首往事

妈妈：

要玩就好好玩。耐心最重要。

回溯成长经历，儿时回老家度过的每个暑假是童年最快乐的时光。

有疏松的柔软的田地，有各种各样的庄稼，有直接摘下来就能吃的果蔬，有下地的牛马驴骡以及各种家养或野生的小动物，有慢悠悠的牛车马车，还有日出而作日落而息的生活。

人从土地而来。

让孩子体验真实
且有缺憾的生活

人是不折不扣的社会动物。如果我们的祖先过着离群索居的生活，当猛兽或灾难到来时，早就一败涂地了，哪里还能子嗣绵延生生不息。在彼此支撑的脉脉温情中，人类相携相扶地走到了今天，并且，不出意外的话还要这样走下去。

现下，在钢筋水泥的高层建筑、独门独户的别墅中发呆享乐的人们，渐渐背离了人类的群居属性。自家家门一关，挡住了烦扰的同时，也挡住了邻里间的息息相关。

说到这些，我总会想起儿时生活的类似筒子楼的家，两家共用一个厕所，每天早晨和晚上都要瞅着厕所的灯光抢着往里冲。家里的拥挤自不必说，里外两间屋，我和爸爸妈妈在一张床上睡了好多年。就是这么艰苦逼仄的条件，回想起来却是乐趣无穷。各个年代的人们都有必须担当的重任和苦痛，一代人有一代人的不易，但再艰难的日子里都有笑声，尤其是童年。

为什么如今的孩子们就活得这么懒懒散散、暮气沉沉呢？一开口就是无聊、没意思。学业压力和社会竞争的确是大环境带来的改变，但物质太丰富，精神太匮乏，尤其活得太"独"，是重要的缘由。要什么有什么，想什么来什么，用不着付出努力，得来也就全无惊喜。何况——

"独乐乐，与人乐乐，孰乐乎？"

"不若与人。"

"与少乐乐，与众乐乐，孰乐？"

"不若与众。"

乐趣也要人多才更添快乐。不信可以观察一下孩子们玩大型器械时候的表现，要玩滑梯吧，都抢着玩滑梯；要玩转椅吧，都抢着玩转椅。为了避免矛盾，你说，好吧，咱不和他们玩，咱一个人玩攀天梯去！结果呢，孩子玩一会儿就没意思了。好心好意的关照和保护，成了隔绝孩子快乐的幕墙。

还有，去游乐园玩什么项目。其实，孩子和一群人玩就高兴，一个人玩一会儿就没意思了；你看着孩子玩，他就很高兴，让他自己玩，一会儿就没意思了。

孩子的快乐是在和大家共同分享与互相喝彩的状态中得到的。

为了完成"早期教育"，好多妈妈带孩子们上"早教班"。你以为上了早教班，就完成了早期教育吗？还有之后我要说的，你以为上了好学校，就受到了好的教育吗？

其他的不多说，仅仅从人际交往这个角度来看，早教班是个相对封闭的特定的群体，是为了特定目标而暂时聚起来的群体。还有其他各种各样的"班"，画画班、舞蹈班、书法班等等，莫不如此。来了就学，学了就走，人与人之间没太多干系，就算有什么，看在"学习"的份儿上，也一切让位。这些班，是带着某种任务的，是与真实的生活隔离的。但对于孩子来说，生活永远是第一位的。

而大院儿，就不是这样了。

院子里的人，长年累月在一起，这里是他们生活的栖居地，是最随意最真实的生活。而且，男女老幼啥人都有，结构层次丰富多样，就像老北京土生土长的胡同串子，啥人不打交道啊，和各种各样的人打交道的过程，就是孩子沟通、交往、学习的过程，生活所能给予的教益尽在其中。赵家吃什么，钱家有了什么新鲜玩意，孙家的哥哥去了哪里，李家的爹妈昨个儿又打了一架。什么最热闹？生活最热闹！人间烟火世间百态五花八门样样俱全。

所谓接地气，就是这个意思。

回望大猫的成长，深深感谢我们曾经生活过的两个大院儿，这是真正意义上的大院，都是办公区连着宿舍区的。每个院子，大人有大人的乐子，小人有小人的乐子。小人的乐子是啥知道不？

第一是要有禁地，越不让去的地方越有强大诱惑力。我们生活的第二个院子在办公区的入口处设有哨兵，禁止孩子们入内。但是大院里的孩子嘛，你懂得！没多久就找着了入口——只容孩子一个脑袋钻过去的地方。等孩子们大摇大摆从办公区出来的时候，哨兵那一刻的表情对孩子们来说是最有成就感的事啦！身为大人的权威瞬间崩塌。

第二是要有秘地，这些秘密孩子知道，绝不能让大人知道。什么可供探险或者藏身的犄角旮旯，什么老不打开的铁门与栅栏，什么地下室、防空洞，均在此列。大人越不让去的地方，越是孩子们爱去的地方。这是人家小小人儿对自己的空间与自由的强烈要求和保护，就和小动物撒泡尿宣誓个人领地是一样样的。

第三要有大树绿地，有点果树花草什么的当然更好。下雨了草地里爬出来的虫虫，树坑积水里浮出的天牛，能吃的花草果子，能采种子、摘花、揪枝叶玩的种种植物。能耐大的去爬大树，爬不上去的受一受

"吊死鬼"之类的惊吓也是喜不自胜。

第四要有活物。什么家养的小兔子、猫、狗啊，被众人喂养的流浪猫狗啊，只要能逗能喂的均在此列。

我们院子里住在一楼的那位先生，一到给自家金鱼换水的时候，窗户上就有几个小脑袋，每次换水的过程都在孩子们的起哄声中变得惊险无比。

一位老奶奶养了兔子，越不让孩子们喂，孩子们越偷着喂。奶奶大怒，孩子大乐。

院子里食堂接济的两只流浪猫，比人还有地位，一只名叫花椒，一只名叫大料，每天施施然在众人面前走来走去，生儿育女，傲慢无比。

第五要有人情。花椒大料就是一例，爱跳舞的老奶奶们又是一例。大猫每天和她们混在一起，就连道具装备都样样齐全。老奶奶买一套，也不忘撺掇着她买一套。从老奶奶那里，她学会了"过了这个村就没这个店啦！"

我们在两处院子里住的房子都很小，但孩子的快乐无限大。家里的物质条件，孩子根本不放在心上，院子里的乐趣无穷才真真要紧。农村孩子的童年比城市的孩子快乐得多，由此可见一斑。如果再说说我童年时在老家和工厂混着的光景，这本书可就真放不下了。

总而言之，意思就是别以大人的标准揣度孩子的需求。就上面说的那五点，哪一点都与高楼广厦无关，但就是那么热热闹闹鲜活有趣。当年孟母三迁的苦心，我现在算是慢慢领会了，只不过，她迁居的缘由还是现实的角度偏多一些吧。如果要我为孩子选择童年居住地的话，首选老院子和大树，簇新利落、条管笔直、一目了然的所在，总是少了好玩和有趣。绅士、淑女出没的所在，也少了人间烟火和粗粝泼辣。

愿我的孩子成年后还能保有童年鲜亮亮的画面，在一生的路途上，可以时时回望。

回首往事

妈妈：

生活是真实的、丰富的、味道浓郁的、色彩斑斓的，有哭有笑，有苦有甜。

人为设置的环境就像有中央空调的写字楼，统一标识合理规划的场地，以及统一着装做着相同事情的人们，有设计、有格调、有规矩，就是太职业了，太一样了。少了变化，少了生动，少了大笑和痛哭，少了许许多多的不一样。

不一样，是生活。

都一样，是布景。

孩子需要的是真实且有缺憾的生活，不是完美的摄影棚。

孩子不是道具，不是演员。孩子是他自己。

孩子：

我：妈妈妈妈，院里大孩儿小孩儿都有《阿衰》啦！我能不能有！我妈：不能（欲知原委，见后文）。

把孩子变成你的铁哥们儿

我需要一个铁哥们儿。是的,你没有看错,是我自己需要。

当那双小手紧紧抓住你的时候,你才如此清楚地感觉到自己是个真正意义上的成年人了。被一个生命全心全意地依赖与信任的感觉,逼着我们脱胎换骨。蜕变是一个相当漫长而艰苦的过程,我们和零岁的孩子就这么拉拉扯扯、跌跌撞撞地开始了长征。

她年幼,我年轻,我们需要一起用十八年的时间慢慢长大。我们需要彼此依靠,相依度日。所以,我需要一个铁哥们儿,需要这份铁打的情谊,度过至少十八年的风风雨雨。

想明白了此节,于是,我就开始用尽一切手段争取这个小人,还真没有想象中那么容易。小孩子都是只带着一张嘴来白吃白喝的,指望人家吃饱喝足就直接签下来你这个大单子?想得美啊!

第一步,强调身份。微信都需要二维码呢,没有鲜明的标识哪能给人留下深刻印象?

"呵呵呵呵,妈妈么!"给人家好吃的时候。

"呵呵呵呵,妈妈么!"给人家好玩具的时候。

出去玩的时候,心花怒放的时候,受到打击的时候,总而言之,当她表达好感、需要并且想要致以谢意的时候，"妈妈"这个词就冒出来。"谢谢"之类的客气话就甭说啦，妈妈么，自己人啰！

第二步，叽叽歪歪，腻腻歪歪。那么强大正确还要哥们儿做什么？

"大猫，妈妈的手冻得伸不直了！"

"大猫，快拉妈妈一把，走不动了！"

"大猫，妈妈做错事情了！"

该示弱就示弱，该放低就放低，超人才单打独斗呢，咱又不是。

第三步，建立攻守同盟，打死不出卖朋友。

没有秘密的孩子长不大，不会保守秘密的孩子没朋友。这辈子见过的大嘴巴不计其数，无论是有心还是无意，反正对这样的人是敬而远之的。小孩子也是一样的，有事没事就找老师告状的人，大家都不喜欢。况且，小孩子也有长大的那一天，还让不让他在江湖上混了？

我先抛出去自己的秘密，郑重其事地说："妈妈只告诉了你一个人，姥姥、爸爸都不知道。这是我们两个人的秘密！"之后，细心观察，这家伙居然没有露底！

既然是同盟，就得讲道义。无论大猫愿意还是不愿意讲的事情，都先亮明态度："你要是想说呢，就说，不想说呢，就不说。反正我是一定会保守这个秘密的，只有咱俩知道，妈妈么！"

答应她的，就一定严格兑现，至今没有一件事泄底。做人，信誉最重要啦！

最深刻的印象来自大猫一次华丽丽的表现。那年大猫4岁，我去外地开会，带上姥姥和大猫同行，尽管是自己掏腰包支付她俩所有的开支，但是为免闲言碎语，我还是试着和大猫商量："大猫，我带姥姥和你出去玩，你会看到很多有意思的事情，小朋友谁也看不到。你能不能

我需要一个铁哥们儿，
需要这份铁打的情谊，
度过至少十八年的风风雨雨。

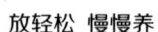

保守这个秘密，谁也不告诉？"其实我也只是试试而已，那么有意思的旅程，孩子激动得一塌糊涂，哪能憋住不告诉别人呢！我还经常忍不住在微信微博上炫耀幸福呢！

结果是，我们周游归来，大猫守口如瓶，反正周围的人没一个知道。4 岁的孩子啊！这哥们儿啊，杠杠的！我惊讶感动吹嘘了 N 多年。

多年后说起此事，她嘿嘿笑："妈妈，我那会儿实在忍不住，只告诉了一个小朋友，反正她也没和别人说，估计她也没当事儿。反正我没和大人说。"这家伙！

保守秘密这件事，可远远不只是表面上那么简单。

雨果在《悲惨世界》中写道：没有人能像孩子那样好地保守秘密。波兹曼说，没有秘密就不成其为儿童时代。

首先，能保守秘密的孩子一定沉得住气。翁同龢老先生讲话："每临大事有静气"，能把心安下来的孩子自然而然会理解"沉默是金"的含义。秘密是一种稀缺资源，在诱惑面前沉得住气，不炫耀不出卖这种稀缺资源的人，是可靠的人。沉稳与可靠，不炫耀不张扬，不在非正当利益面前倒戈，会在很多时候帮到他，甚至救了他。

其次，从小能与孩子建立起这样一种关系，你与孩子之间会有牢固的信任。只要这种信任不被破坏，孩子真遇到什么难事，还是会自然而然地想到你。这种信赖在孩子青春期的时候特别重要，自己的莽撞也罢，别人的伤害也罢，只要孩子愿意告诉你，你总有机会挽救和弥补，否则，一旦出现严重的后果，花很大的气力都难以挽回。

第三，也是最重要的，正因为有了独特的个人化的秘密，才从根本上将"我"与他人区分开来。孩子能保守秘密，是在建立自己的内部世界，确立自己的边界和私密空间。所以，大人别贪得无厌心口不一，一边夸奖人家能够保守秘密，一边恨不得挖出人家所有老底，搞得跟狗仔队似的，谁都不愿意在别人面前赤裸裸，除了无知无觉的婴儿。想要孩子成长，千万别把人家打回到婴儿状态，剥夺了孩子的隐私，就剥夺了孩子长大成人的权利。

从小到大，人家偷偷摸摸做的事情不计其数。小孩子厉害起来，大人根本不是个儿。小时候大猫缺钙，我们豁出去给她买了市面上最昂贵的补钙制品（盲目相信，理解理解）。每次给人家吃的时候，都是笑眯眯的一口吞下，然后平静地走开。等到过年打扫家的时候，我天！沙发底下、床头缝里、衣柜下面，你能想到想不到的犄角旮旯里，全！是！钙片！根本不知道人家是怎么当面在心里嘲笑大人的愚蠢，转过身得意扬扬地藏了这么多私货的。这种对付吃药的招数，《追捕》里的硬汉杜丘也得甘拜下风，哪有小孩子会演啊。

大人以为自己是演员，可人家小孩个个是戏精。

回首往事

妈妈：

　　培养铁哥们儿，是大人自己的需要。至于孩子需不需要，得看人家的意思。很多时候都是大人的一厢情愿而已。

　　孩子的秘密。除非人家愿意讲，否则，永远休想知道。大人需要耐受自己的焦虑，耐受很多的未知和不确定。当大人啊，就得有弥勒佛的样貌和修为，撑开一个大肚子，容事。

孩子：

前一段时间，妈妈这个天蝎座，总是通过各种渠道，包括微博、QQ空间、朋友圈打量我的生活，偷偷看我各种朋友的消息，只为了确定我的恋爱情况，不幸被我抓个正着，她的大眼睛又开始亮晶晶地闪烁了，不过，我不吃这套，立马把以下段落读给她听："所以，大人别贪得无厌心口不一，一边夸奖人家能够保守秘密，一边恨不得挖出人家所有老底，搞得跟狗仔队似的，谁都不愿意在别人面前赤裸裸，除了无知无觉的婴儿。想要孩子成长，千万别把人家打回到婴儿状态。剥夺了孩子的隐私，就剥夺了孩子长大的权利……"啧，知识还是要会用。

在"施"与"受"中
学会情感沟通

大猫最爱接受礼物啦！大猫也最喜欢送人礼物啦！

反正从小送人家个东西，不管大小，只要告诉人家这是送给她的礼物，大猫就满脸放光欢呼雀跃，别提多高兴了。而人家自己也有来有往，不亏不欠，时不时主动向喜爱的人献上殷勤。

小人家家的，就玩请客送礼这一套啊！后来琢磨琢磨吧，我觉得这是个好事。抛开大人功利主义的想法，小孩子对于礼物的认知其实就是两个字：欢喜。

能够慷慨地赠人以欢喜，并且坦然接受人家赠予的欢喜，孩子心中的满足是我们不可想象的。这仿佛是开凿了一条情感双向流动的河：在人与人的交往上，单方的施与受，对自己、对他人而言，失衡了就不会那么舒服，长此以往，关系就有倾斜或者崩塌的可能；当施与受的关系相对平衡，并保持流动的时候，双方心理上就会形成稳定、可靠之感，内心的情感也有了流淌的去向，这样的关系就会比较顺畅地走下去。

在小孩子间的交往中，少有功利，更多的是关系。能与他人建立和维护一段好的关系，在科技高度发达而人情淡漠的社会里，显得那么稀缺，所以弥足珍贵。在现实中建立好的关系，胜过在虚拟空间建立关系；在小的时候学会建立关系，胜过长大的时候学习处理关系。我们不指着孩子成为社交明星，但也不希望他们变成宅男宅女。

与人拉近距离，总得有一些通道或者方式，每个人的巧妙各有不同。既然这是人家大猫自己的选择，所以，好吧，礼物。

有趣的是，大猫送我的礼物大多数都是用来打扮我的。也不知道是出于女孩子爱美的天性，还是人家觉得这个妈妈实在蓬头垢面难以见人，总而言之都是以下一些物品：

自己编的手链	发卡
自己编的戒指	发绳
自己做的项链	手套
自己做的软陶	手机挂件

尖叫鸡（有次我们一起去北京南锣鼓巷，我看到这个好好玩，咯咯笑了半天。她觉得我一定喜欢。）

水果、巧克力（她觉得我爱吃。）

生日蛋糕（人家用自己的小钱钱偷偷给我订的。）

……

包括姥姥和姥爷，姥姥喜爱小零食，可又不好意思一个人大街上买来吃，大猫每次回去总不忘给姥姥买些好吃的。姥姥喜欢小摆设，大猫也给姥姥送点小欢喜。姥爷是心灵手巧的典范，又酷爱精神食粮，大猫就在手工制作和精神需要的项目上给姥爷弄点小玩意。

投其所好，是送礼物的最高境界了。说起来，这里面也有点小学问。用专业名词说，这叫移情能力，说得简单点就是"推己及人""设身处地""感同身受"，也是"己所不欲勿施于人"。这是一种很重要的社会能力。在社会交往中，那些能够理解他人感受的人，不是显得更加友善和体贴，更受人们欢迎吗？

移情能力就是亲社会行为的重要基础。亲社会行为，就是遵守规范，与人为善，助人为乐；相反，那些室友投毒、硫酸泼动物、杀人放火，就是反社会行为。说小点，害人害己，说大点，祸国殃民都是有的！看看，培养一个爱心儿童是多么重要！

前面说的投其所好，它的前提起码是善解人意，懂得从他人角度考虑问题。那些攻击性强，爱欺负别人的孩子，其实大多是移情能力比较弱的。千万别以为霸气侧漏是好事。以自我为中心，缺少同情心，冷血，攻击性强的孩子，长大以后对待家人与社会的态度可想而知。

要想孩子的移情能力强，我们大人先要对别人的痛苦报以同情。你对别人的麻木不仁与冷血无情，说不准哪天就由孩子回敬给了你。你对家人、朋友、需要帮助的路人乃至于弱势群体的尊重与善待，一定会得到来自孩子的善意回馈。

所谓赠人玫瑰手有余香，用在这里可作另一层解释，你把心中的玫瑰赠予周围的人，终会得到孩子回馈的馨香缭绕。这是其一。

其二，我把对大猫的表扬穿在了身上。大猫送我的用来打扮的礼物，无论在别人眼中有多么简陋寒碜，我都把它们披挂在自己身上，并且，极其主动地向别人介绍："哈，看到没？这是我家大猫送给她妈妈的礼物！好看吧？别致吧？有意思吧？"表扬的最高境界是行动。尤其对于大猫亲手做的东西，更是到处炫耀它的独此一家，别无分号。当着大猫的面一定要这么办，如果大猫不在跟前，我也要回家后向大猫转述别人的赞美与好评。

还有，在和家里人与朋友聊天的时候，对大猫的心意极尽赞美之能事，当然，要让猫听见。不过，想不让她听见也不可能。小孩子就有这般本领，你提溜着耳朵对他说的事吧，他一般听不见。你避讳着他或者一不留心说漏嘴的事吧，他一定听得见！所以，我就以嘀嘀咕咕神秘兮兮的架势对别人说："你看，人家大猫吧，对她妈妈真是好。你看看，这都是人家的心意！你知道吧，人家用自己的小钱钱给姥姥买好吃的，姥姥可夸她啦！"猫蹲墙根，一字不落全听了去。

想想，你夸她吧，就你俩知道，你对别人夸吧，至少三个人知道，这就叫舆论。由此联想，在你上学的学校，在你上班后的单位，校长、老师、领导，在全体同学或同事面前对你公开表扬是啥滋味？比起当面一对一的表扬来说哪个更有效力？这就叫影响力！

通过这样的公众舆论和影响力，大猫对亲人和家庭的热情与关心与日俱增。有一次，大猫很得意地给她妈妈剪了刘海，那水平，你懂的！可巧我正好要做一个讲座，我就这样，顶着大猫剪的刘海，戴着大猫送的花花绿绿的手镯出现在公众视野里。不知道那些家长今日想起是否记忆犹新？这个形象装扮得如此奇特的什么什么人。

关键的是，回家以后，大猫还要看现场照片！空口无凭，有照为证！我这个老母亲还能怎样？

回首往事

妈妈：

后果就是，去年，人家用自己的奖学金给她爱吃辣椒的爹，买了整整一箱辣椒。整整一箱！很久很久，很久很久，吃不完吃不完！她爹吃得唉声叹气，想起来就愁眉苦脸。大猫阴谋得逞，笑得贼眉鼠眼。

习惯养成篇

大人和小孩，谁都不是十全十美，
但我们总可以互相扶着
走得更好一些。

讲礼貌，从打招呼开始

讲礼貌，关乎谁的颜面

"打招呼，为啥要打招呼？我不想打招呼，怎么啦？我就不打招呼，怎么啦？"

俺家大猫就这样，不张嘴。

四个月就会躲在我的肩头偷偷笑。注意，是偷偷笑。

姥姥每天把她收拾利落，打扮得像要上 T 台，然后抱出去晒太阳看街景。路上的人们看见了，总要围过来："看这孩子多可爱，多白净！"拍拍手想要抱她，人家一扭身，转过去趴在姥姥肩上直接无视。有坚持不懈的人绕到姥姥身后再伸手，好，大猫又一翻身再转过去，就不睬人家。三番五次转磨磨，直到把人家转得笑着走了："这孩子，真有主意！"

两岁九个月，遇到我们单位的同事，扭着头，别提说话了，看都不看人家，等人家走了吧，伸长脖子遥望人家的背影。

姥姥特别以这个外孙女的各种能耐为骄傲，可人家始终坚持原则：没人的时候才显摆！有旁人的时候绝对不干！姥姥那个恨哪！

上幼儿园，值班园长站在幼儿园门口笑容可掬地向每一位小朋友问好，她就躲在我身后，紧紧贴着我的身子走，等过去了，再偷偷回头瞅瞅人家。

强扭的瓜不甜。想想，嘴长在人家身上，就算撬开，人家不出声也还是没辙。

孩子不张嘴，难堪的是大人，这事儿和孩子自身的需要真没什么关系。当孩子自己认为很有必要的时候，他一定会张嘴，还没见过哪个孩子饿了不会张嘴要的。孩子不问好，觉得丢面子的其实是大人："看看，这家大人真不会教育孩子！这孩子真不懂礼貌！"只要咱不怕丢面子，这事就没有想象中的那么急迫与重要。

很多事情上，大人顶得住压力，孩子才能透口气，获得调整和转圜的空间。如果大人自己撑不住了，孩子就成了替罪羊。既要替父母长面子，又要解决自己面临的困难，双重负荷之下，幼小的孩子背负的压力可想而知。

讲给孩子听，不若做给孩子看

我把这事揽到了自个儿身上。每次见到邻居，我就热情主动地问好，对方也一定会回应几句。等人家一走，我就偷偷对她说："你看看，我这样问人家好，人家也对我挺热情的。人家也没有笑我。"

其实在日常生活中，我也不是那么积极主动示好的人，不过，为了孩子，豁出去了。不就是当个大嘴巴嘛！

到了幼儿园，再见到值班园长，我就大声问："郭伯伯好！"旁边的人都笑翻了，这是哪辈和哪辈呀！她也偷偷笑，大家乐成一片，所有人

解决孩子的问题，大人可以先设身处地操练操练，
演练的过程落在孩子的眼里，也是他把压力外化的过程。
大人一步步地思考和练习，也就成了他思考和练习的过程。

的心情在那一瞬间都很放松。进了大门以后，我就领着她在门边上溜达一会儿，看看别的小朋友进门的情景，低头悄悄对她说："张三小朋友这样小声问好，挺好的；李四小朋友那样大声问好，也挺好的。每个人问好的办法都不一样，但是别人听到总是很高兴的。人家才不在乎你怎么问呢！"

有一次快到幼儿园大门口，我很突然地说："啊呀，我有个新的主意了。"她很好奇："什么主意呀？""今天我不向郭伯伯问好了，我向他微笑点头，这也是问好啊！"

这一天，我向每个人微笑点头，每个人也依然热情地向我回应。她都看在了眼里。

再一天，我的办法是招招手。

再往后，我开始征询她的意见：咱们今天该怎么问好啊？她开始还很认真地思考，后来也觉得每天想不一样的办法的确比较麻烦，我就该干吗干吗了。但也只是我一直在做而已，并不要求她做或者不做。

以身作则，就是自己一贯地做、长期地做，管好自己。现在大家热议的"拼爹拼妈"，在我的理解中，就是把爹妈自己的样貌和状态做好，父母自己生活得正向平和。孩子见识过怎样的生活范式，长大后的他也会朝向怎样的生活。

过了一段时间，这件事就放下了。然后，记不清什么时候了，她见了郭伯伯问好的声音就比我的声音都高了，我被这个声音猛地吓了一跳，真记不清是哪一天了，她从什么时候开始张的嘴啊？但是，当我意识到这一点的时候，我没有回头。问好本身不是一件很自然的事情吗？有什么大惊小怪的啊！只记得当时，我嘴角的微笑一点点绽开了。

其实整件事的关键是，大人能不能顶住压力和品评，要想孩子皮实，大人先要皮实才行。面对尴尬的局面，越是催逼孩子，就越是把自己和孩子置于难堪的境地之中。为什么非要为了面子将这一军呢？放着好日子不过，非要找这个难受干吗？

解决孩子的问题，大人可以先设身处地操练操练，演练的过程落在孩子的眼里，也是他把压力外化的过程。大人一步步地思考和练习，也就成了他思考和练习的过程。如果再把这个过程搞得好玩一些，孩子也就越来越能够以谐谑的心态来对待它。

是问题，还是成长的必经之路？

当孩子不把一件事看得多么严重多么在意的时候，这件事就不是问题了。孩子的很多"问题"，其实是成长的必经之路。在1岁时非常困难的事，到3岁的时候就不是问题；在3岁时非常困难的事，到6岁的时候就不是问题，比如动作，比如语言，比如心智发展，都会随着时间慢慢趋向成熟。但如果我们把当时的状况视作问题来对待，制造紧张空气，这个问题就固化了，就留下了，赖着不走了。

生活之路漫长，如果对待每一个发生和遇见，我们总是一本正经如临大敌，到真正"狼来了"的时候，那根弦早就抻断了。换一种方式看待一件事情，就是换一种思维换一种态度。多样化的视角和处理问题的方法，就叫作变通。再加上一点点轻松和调侃，孩子就学会了不那么钻牛角尖。直着走、弯着走，站着走、跳着走，都是会到达目的地嘛！

我们允许自己做凡人，却偏要孩子做超人

见了陌生人不随便搭茬，这说明孩子有很好的自我保护和防范的意识，不是"不要和陌生人说话"吗？为了制造一个乖巧可爱人见人夸的孩子，就让孩子变成一只甜言蜜语的小白兔。哎呀妈呀，吓出一身冷汗！

外倾型孩子的注意力和精力指向外部，对外界的人和事很感兴趣，在与外界互动的过程中获得乐趣。内倾型孩子的注意力和精力则指向内部的精神世界，在向内的思考和专注中获得乐趣。荣格认为，我们的文化是外倾型的文化。所以看起来，偏向内倾的人显得处于劣势。但事实上，上天造物是公平的。

外倾型的人擅长交际，热情乐观，容易与外部世界和谐相处，但也更容易受到外界的影响。内倾型的人常独来独往，但思想和心灵能够抵达的深度和广度，是他人难以企及的。

而在潜意识层面，内倾和外倾是截然相反的。外倾的人内心可能非常自我，内倾的人可能反而很关注他人。

每个人都具有内倾和外倾两种特性，极端内倾和极端外倾的人是很少的。在有的情况下，人的表现可能是外倾的，但在另一种情况下，就可能是内倾的，不能简单定论。所以，不要轻易就给孩子贴标签说，这个人外向，这个人内向。

回到打招呼这件事，一个人不想、不愿做的事，你一定逼着对方做，是不是有些强人所难？如果我们自己本身就是羞涩敏感的人，你做这些事时的感受，就是孩子的感受。你让孩子做的时候，先问问自己能不能做到。为什么我们允许自己做凡人，却偏要孩子做超人呢？

回首往事

妈妈：

总结一下：

1. 搞清楚是孩子的需要，还是大人的需要；

2. 大人顶得住压力，孩子才能顶得住压力；

3. 以身作则。把大人的想法和努力外化，让孩子看到大人努力的过程，分享其中的经验和教训。面对困难和挑战，大人小孩一般无二，都是人嘛；

4. 游戏心态和变通做法。好玩的家庭就没有多大问题。

孩子：

也不知道是谁，每次在碰到不打招呼的孩子的时候，就悄悄跟我说，这孩子可真没礼貌。不过从来没有正面逼我打招呼这件事倒是千真万确的，只不过是换了种方式，时常在我耳边像只小蜜蜂一样飞舞，嗡嗡嗡，这个孩子不打招呼呀，嗡嗡嗡，这个孩子真没礼貌呀，嗡嗡嗡……不得不说家长价值观的传输可真是强大。

门风与规矩，
培养孩子的契约精神

　　"坏了门市"这个词出自姥姥的口中，究竟是啥意思，大猫其实真不明白。但这个词，硬是生生管用了好多年，可见姥姥的威力。也可见一个说不清道不明、叫着响亮又频繁出现的词对人的威慑力有多么强大，想起之前的"妈妈么"，忍不住就露出一个邪恶的微笑。

　　"坏了门市"的意思其实我也不太明白，可能就是坏了门脸、坏了名声的意思。放在我的故乡，这个当年产生晋商的地方，门脸门市就是一个商家的命脉了，应该就是诚信的意思吧，一个商行票号不讲求诚信，无异自毁长城。放在人的身上就是"人而无信，不知其可"了。

　　所以，大人千万别在孩子面前"坏了门市"，当然，孩子也别自个儿"坏了门市"，彼此相安无事，生意就能相安无事细水长流地做下去了。

　　说到此节，不得不叹服"高手在民间"啊！我神一般的母亲！

　　现在的父母，用我妈妈的话来说："太惜子！"爱惜珍惜疼惜怜惜各种"惜"。但再"惜"也不能没了规矩，规矩不但是一种约束，更是一种保护。别以为一讲规矩就得俯首帖耳人身受限，那是对规矩的误解。自由都是有边界的，没了边界就是上不着天下不着地，无法无天，谁愿意让孩子在危险中行走？

小时候懂规矩守规则，就是大了以后的遵纪守法，也是做人有底线和原则。谁愿意和没有底线的人打交道？我是不敢。

放在对孩子的教育中，往往是以下这样的状况。

"不要"太多，"不能"太少

不要动这个，不要碰那个……只要孩子有行动，就有一堆的"不要"，其实都是担心罢了，怕孩子磕着碰着热着冻着。越说不要这样吧，孩子越要这样，禁忌太多反倒成了诱惑。亚当夏娃的事情我们都知道，禁果分外甜啊！担心太多的家长，孩子要么怯懦退缩，凡事不敢尝试；要么忒大胆，心里憋着一团火。不是极左就是极右。

对孩子的担心其实是家长自身的担忧。大人把自己对世界的不确定感、不安全感转嫁到了孩子身上。这种"不要"，说到底，还是"惜子"的表现，虽然"惜子"的背后可能是大人的自惜。

但规矩是"不能"，这是基准和底线，是没得商量且必须遵守的东西。所以，不必太多，但一条条都是硬杠杠，是上位的、原则性的条框，框定了孩子的行动和做人的基本标尺。就像高楼的主体框架，就像人体里的骨骼，有了这些打底，大样儿就走不了了，小处尽可随意。这是在"教子"。

想想"不要"和"不能"的差别，可能有助于我们分清哪些是不必要的限制和约束，哪些是必须遵从的规矩和原则。

没有规矩不能成方圆，有钱没钱都不能没了德行。

说到规矩，不由得想起家风家训。现今年代谈论这个的人不多了，似乎离我们格外遥远。可是，一代又一代的人在这个世上来了，走了，留下的又是什么呢？**作为一个家族、一个家庭而存在，我们能给孩子留下的、来自特定血缘传承的印记又是什么呢？**能够代际传承并且传承久远的除了房子、票子，总该还有些别的什么吧？

做生意，是门市；过生活，就是门风了。东晋名相谢安的教育方式曾被著名史学家陈寅恪先生赞为"门风优美"，所谓世家，当如是。

奖励与威胁

为了不坏门市，首先，大人别轻易拍胸脯，拍了就别给自己找没脸。一言既出，驷马难追，答应孩子的事一定要做到，前提是别说大话说得收不住。

第一，别拿不靠谱的事情作奖励。一说奖励就是物质奖励，总有你买不起的时候，土豪也不例外。如果奖励的等级不是层层拔高的话，孩子就觉得没有新鲜感，期待没有被满足，把人家的胃口吊得越来越高，总有欲壑难填的时候。

其实，奖励的方式多种多样，原则只有一个：精神鼓励为主。当然，精神鼓励也有各种段位的，别以为精神鼓励就是夸一句那么简单，拥抱，亲吻；逛公园、科技馆、博物馆、水族博物馆、动物园、花鸟鱼市；给亲朋好友打电话报喜；和老师协商减少当天作业痛痛快快玩一天；邀请好朋友来家里吃饭都是。

就算花钱，买个运动器械，听听音乐会，看场球赛，也是侧重于健康的娱乐与精神享受。我们的目的不是为了奖励，而是孩子从做好这件事本身获得的自尊自信、成功感和荣耀感，以及获得自己继续前行的强大动力。

第二，别拿不靠谱的事威胁。"你再不听话，我就……"少拿这种话吓人，你就怎样？还能怎样？你是真的把孩子扔到房顶上，还是把人家踹到月球上？是强逼对方绝食，还是从此断绝关系？看你有多狠！话放得狠了，事儿又没法办，最后下不来台的一定是大人。

该怎样就怎样，该提什么要求就提什么要求，明明白白说清楚就行了，别总把后果挂在嘴上。否则，孩子直接忽略前半句，奔向他最关心的主题——我就不，你要怎样？你能怎样？

第三，丑话往前说，别事后诸葛亮。秋后算账、事后找补的做法很不仗义，让人反感。规矩都是提前定的，哪有出了事再写条文的？好多时候，大人和孩子之间的冲突，根源都在大人身上——没能提前预见一些可能。作为一个成年人，不说运筹帷幄之中吧，起码基本的预见性是要有的。大人没有思考和分析可能出现的问题，反而要追究孩子的过错，这不是欺凌弱小吗？"熊孩子"的背后，不出意外的话，就站着一对"熊爸熊妈"，这一点，孩子该免责。

大人之间的相处，磕磕碰碰都是难免，尤其在职场中，但是不到万不得已，不要撕破脸。大人和孩子之间也是一样，因为有了第一次，就有了后面的无数次，一旦习惯出门之后，大人大吼大叫，孩子大哭大闹，也就难免习惯成自然。

每到以下时刻，我就要把大猫拉到一边商量商量，这是必须履行的一个程序，仪式感十足。"大猫，妈妈跟你说……"内容千变万化，但意思大同小异，就是："咱提前说好，你做不到呢，就坏了门市，绝对没有下次了！"

出门吃饭，提前商量——吃完了可以在桌子附近玩，不能大吵大

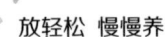

闹，影响别人吃饭；

上公交车，提前商量——上车如果有座位，一定要姥姥或者妈妈抱着你坐，不能大人站着，小孩坐着；

邀请朋友来玩，提前商量——大人同意，才可以邀请小朋友，要不然没准备，来了没饭吃；

到别人家里，提前商量——想动人家的东西，要征求大人同意；

用电脑看电视，提前商量——一周几次，每次多长时间；

要和朋友出去玩，提前商量——时间地点人物以及联系方式，还有回家的时间……

反正就是君子协定，互相约束，我说话算数，你也要说话算数，咱们都要面子是不是？我不当着别人的面批评你，你也别让大人下不来台。要不？坏了门市！其实所谓的约定，就是一条，多了也记不住。

就说上次人家 4 岁时的长途旅行，我拖着老妈带着她，一路上她基本就没有让人抱过，没有一次叫累喊饿，更别说哭闹。等车的时候，她就坐在我们的脚背上，上车就坐在我们腿上睡觉，下车接着跑。

去同学家里，每个家每个角落大猫都要转一遍，犄角旮旯儿都要看到，好奇嘛。同学的老公啧啧称奇："从没见过这样的小孩，拿东西还要问问能不能动！"

去饭店，认真吃饭，珍惜粮食。吃饭是大猫最爱的事，吃完了，该干吗干吗，反正不闹腾。

有什么需要临时交换意见的，我俩趴在对方耳朵上嘀咕一阵，成交！我们家里不生产熊孩子。我们出门从来没有一次当着别人的面给彼此难堪。这不叫听话，这叫协议，共同签署，共同信守。我们都不想坏了门市。说大些，这是一种契约精神。只有彼此信任，方能达成。而彼此的信任，也强化了相互的信守。我们自愿，我们平等，我们恪守。

所谓"中国人缺乏契约精神"，源头可能是孩子从小就耳濡目染了大人的背信弃义。大人可以单方制定规则，也可以单方毁约。那么，孩子会从中学到什么？要赖呗，撕破脸呗，小孩就当小人养呗！从根儿上就是小人，哪里能期望大了自动变大人？

回首往事

妈妈：

如《武林外传》中的佟掌柜讲话——给彼此留一点尊严和体面。

我们把孩子当人来对待，孩子对待我们也会这样。

孩子：

这篇难得的百分百同意，立规矩什么时候都是没错的！虽然我小时候总被威胁，但是那些条件就是我们的约定嘛。要想获得什么，就要付出什么，物物交换，天经地义，不论几岁的小孩都应该明白这一点。

当小孩就像当老人一样，不是特权也不是手段，它仅仅是一个阶段，每个人的人生都会拥有的一个阶段。所以一定不能给小孩子一种错觉——我是小孩，你们就不能拿我怎么样；我是小孩，我就可以为所欲为。小孩子也应该去理解大人，小孩子也可以去照顾别人。

不怕犯错，孩子才敢于做选择

　　说穿了，人生就是一个个的选择。事实上，没有那么多"对不对"，更多的是"敢不敢"。可是，愿赌服输的气概在当下孩子们的身上似乎是越来越少了，拿也拿不起，放也放不下，患得患失的背后就是害怕——大抵是害怕犯错，害怕吃亏。

　　对有对招，错有错招。何况，哪有那么截然分明的对错？

　　吃亏占便宜都是一时，没有人一世吃亏一世占便宜。老祖宗的"塞翁失马"说尽了其中的道理。在孩子种种害怕的背后，往往是大人的害怕——害怕犯错，害怕吃亏。结果却往往是，越害怕还越错，越害怕还越容易吃亏。

　　孩子的成长就是不断"试错"的过程，不断尝试错误，才能走向正确。不摔跤就学会走路的孩子，没有吧？摔得多了，不光皮实起来，而且还学会了怎么保护自己。足球守门员摔得比谁都多，但是也比谁都会摔，知道如何少受损伤。

　　真别小瞧街边混混，人家才不会有事没事痛不欲生，等闲挫折在人家眼里根本不算盘菜，而且，人家看人的眼睛那叫一个毒。上次我坐公交车，上来俩女孩，一看穿着举止就像是在街面上走惯了的。俩人交谈的重点是找男朋友，其中一人说："某某人？我才看不上。你看他的眼睛怎么看人呢，一看心里就没数。心里有数的人，看人的眼睛就不一样！"十几岁的小姑娘，多明白啊！

标准意义上的好孩子往往免疫能力差，再加上轻信，整个就是一小白兔。一碰就受伤，一走就摔跤，越这样大人越不放心，越不放心还越遭遇事情。恶性循环总有个源头吧？原点在哪里，一目了然，大人总是不放手呗！

把孩子培养成为有"制造"能力的人，而不是仅仅有"接受"能力的人。幸福是制造出来的，不是仅凭接受就可以获得的。想让孩子幸福无可厚非，但如果我们"替"得太多，就不一定能让孩子感觉到幸福，总在蜜罐子里的孩子哪还知道什么是甜？味觉早就麻木了，反而失去了这些的时候，他们的创伤与失落比别人来得更甚。

有渴望才有幸福，有努力才有幸福，而这些都源于幸福不是能够唾手可得的。在寻找和制造幸福的过程中，孩子们才会知道，没有十全十美。即使是幸福，也没有十全十美。所以，无论选择什么，都是利弊参半，只要无害，不损害自己和他人的健康安全，不逾越社会规范与道德底线，选择什么都是可以的。害怕选择往往是患得患失，不敢承担后果。不怕吃亏，选择也就没有那么难了。

所以，从很小的时候，我就让大猫"挑"。这是在做决定，而不是在听安排；这是在做自己生活的主宰，而非小跟班。所以，选什么并不重要，选择这件事本身才重要。

不管她选了哪一个，我都要问问："为什么挑这个呢？"她只要说出理由，我就肯定："嗯，有道理！"包括出门，走这条道还是走那条道，都要问问大猫的意见。选择走了这条吧，挺远的，我就对人家说："虽然挺远的，但是咱们看到了不少风景啊！"选择走了那条路呢，挺近的，可风景就没那么多了，我就对人家说："虽然没有那么多风景了，可是咱们节省了时间啊！时间也是很宝贵的！"总而言之，大猫"挑"得对，选了这个就有这个的好，选择那个就有那个的好。爱拼才会赢，敢选才有路。人生哪里有什么"如果"，总是要走也只能走一条路。脚踩两只船的事不是没有，结果也不过是船翻了在河里待着。

后来就发展到她替我拿主意，"这件衣服好看！这件不好看！""你买这个，不要买那个！""这个人挺好的，那个人不能做朋友。"反正我的方方面面她都愿意插一竿子，因为她越来越觉得自己挺"能"的了。大猫会比较，大猫很会"挑"，妈妈很喜欢，就是这样！

现在的大猫笃信"塞翁失马焉知非福"这句话，就像上次她给我讲的一件事："妈妈，我等公交，等了好久一直等不上，好不容易来了一辆，人多得挤也挤不上去。人们好容易挤上去走了，我就只好继续等。结果，来了一辆空车，我轻轻松松上去了，还有座位。空车开得还很快，我也没迟到。"

淡化、打消孩子对选择的顾虑，肯定孩子选择的能力，对于选择，孩子也就不会有什么过分的犹豫和恐惧了。还有，既然认可了孩子做出的选择，最大的支持就是，无论结果如何，一家人一起担着，不抱怨，不拆台。

带孩子出门买东西，最怵的就是孩子逮什么要什么当街撒泼了。关于这件事，我还是本着事前约定加选择的精神，出门前和大猫嘀嘀咕咕："这次我们去超市，你可以选N样东西，多了妈妈就不能给你买了。"好吧，人家大猫精挑细选，好好规划自己的那几件东西。一看人家说到做到，我说不准就"克扣"一下家庭预算，给大猫多添那么一两样，这样的"慷慨"总是让大猫喜出望外，心花怒放。当然，这是在大猫不会花钱的时候，到了会花钱的时候就是另一种做法了。

面对乌泱泱的一大堆诱惑，小孩子说"要"很容易，说"不要"很难。我和大猫逛市场，大猫盯着一堆玩具目不转睛。摊主满心欢喜，觉得买卖来了，忙不迭地拿各种吱哇乱叫五颜六色的玩具递到大猫眼前，大猫一脸严肃："不要！"到下一个摊位前，摊主也同样来了一次，大猫还是一脸严肃："不要！"再到下一个摊位前，原景重现。好容易看上了个电话，我嘀咕了一句："咱们不是刚买了一个吗？"结果，大猫二话不说表示同意。人家是会挑选的有眼光的人儿嘛。

等闲事物哪能看上！饱了一番眼福，在众摊主诧异的眼光里，我们娘俩昂首阔步地离开了。

经此一役，我真心觉得大猫不是凡人。换了我，吓！早顶不住了。

回首往事

妈妈：

选了就要认，愿赌服输。

大人若敢认，孩子也敢。

"哪怕不知去向何方，努力下去就是希望。"——《武林外传》

孩子：

到现在，我短短的人生里已经做了无数的选择。我们总是在想做最完美的抉择，最正确的决定，可后来就会明白，任何选择，都有向着好或坏发展的可能性，所以做选择的那

放轻松 慢慢养

个瞬间，不一定就是最重要的步骤，反而是背后的努力才是关键。除了生与死，没有任何一个选择会直接导向终点。所以说，放心大胆地做选择吧，选什么都是对的。说到这里，我表示赞同这一篇。

082

读书，让孩子体会安静的力量

安静的力量

如果要问，一个有知识有文化的人，最根本的标识是什么？爱看书呗！所谓读书人，不读书的人再能折腾也不会被称为"知识分子"。不知前人，不识今贤，故作惊人之语就妄称"公知"，所谓知识也只不过是自说自话。尤其在碎片化信息排山倒海般将人吞没的今时今日，和纸质书反复对话的过程，是人的思想慢慢发芽和生长的过程，不急不慌，安静生长。

想要孩子沉下性子学习，需要的就是这种状态，能安静下来的孩子，才能学得进去。知识就是力量，而书籍，给了孩子安静的力量。

阅读，是一个很大的课题。就像之前谈到的陪伴、游戏、聊天（沟通）等，将每一个过程展开至少都是一本书，要在这短短的章节里说个明白，着实不易。

孩子的阅读不只是为了阅读

孩子的阅读其实不只是为了阅读，这与大人和大孩子阅读的功用不同。

出生前在肚子里和刚出生就可以开始的"阅读"，都是为了在爸爸妈妈的声音里安睡、安闲、安适、安心，感受爸爸妈妈的温暖和节奏韵律。之后的阅读，是为了赖在爸爸妈妈的怀里，共享亲情的流动。

亲子阅读，就是和爸爸妈妈依偎在一起的一种游戏。书，就是玩具。最重要的不是阅读，而是亲情，是陪伴。阅读，只是导向它们的一种方式。抱着孩子一起读书，就是亲子阅读的全部画面。

父母和孩子一起读书，共同陶醉，然后相互分享，更是一个持久的聊天话题。很多父母埋怨和处在青春期的孩子无话可说，其实是从小没有打下谈论话题的基础。聊音乐、体育、自然、科学、生活、社会、书籍，都是话题，一旦开了头，就会聊下去，越聊越深入、越聊越投机。乏味的父母，与孩子聊天的话题往往只有一个——学习！一本正经，正襟危坐，这是教导主任来了！

读书，首先读的是情感和趣味。经由阅读，孩子和爸爸妈妈的爱更加紧密。经由爸爸妈妈的爱，孩子更爱上了读书这件事。一举两得，读书是件多么好的事儿！

孩子读书，一遍又一遍

孩子读书，是读了一遍又一遍、读了一遍又一遍、读了一遍又一遍，无休无止的！孩子读书，不把这本书读透读烂，是不能善罢甘休的。当年一个《小芽芽》的故事，我现在都倒背如流：

哟，这里有棵小芽芽！（她扭头看你，你必须马上配以极端惊喜的表情）；

呸，呸，真难吃！（她扭头看你，你必须瞬间把自己的五官拧巴在一起狰狞到惨不忍睹）；

哈，原来是个大萝卜！（她扭头看你，你必须立刻狂喜得像一坨金子砸在了头上）；

啊呜，啊呜，真好吃！（她扭头看你，你必须大嚼特嚼同时做痴呆状地流哈喇子）。

字，是一个不能错的。你读错一处，她就指着不依不饶，"嗯嗯？嗯嗯？"表情，是必须到位的。你错漏一点，她就把脸贴上来看你看到骨头里。

这就是孩子的阅读。他比你背得顺溜多了，但就是要你把自己的犯罪事实招供了一遍又一遍，一处不对，决不轻饶！彼时，你就恨不得跪下来磕头求饶了，人家还在那里不依不饶——"嗯嗯？嗯嗯？"

所以，压根就别想着一遍过。读书对于孩子来说，就是反复确认、反复熟悉的过程。当然，不是每本书都这样，但对于孩子喜欢的书，一定是这样。如果连一本让孩子这么痴心的书都没有的话，那倒是很应该担心的问题呢！

放长线钓大鱼

孩子阅读的书，花样越多越好。当然，你也别欺负人家不识字，并且，你更千万别催着人家识字！这个时候的孩子是观察力最为敏锐的时候，对图形的识别能力与想象能力是一辈子的鼎盛时期，也是形象思维最好的发展时期。所以，图画书（绘本）、还有什么看图形走迷宫、配对、找相同找不同，还有什么动物植物科学万象生活常识画册，还有什么涂色、欣赏、手工制作等，都是上佳读物。孩子找到和发现的，一定比你多！

到了五六岁，孩子对文字感兴趣的时候，再和人家读读字比较多、图相对少的书，然后再过渡到文字书，这是一个自然的流程。千万别逮住孩子早早认字，提前跨越，得不偿失。

只读文学的或者只读科学的，都是偏食。

只读国内的或者只读国外的，也是偏食。

只读某人的或者只读某类的，还是偏食。

只读经典的或者只读热销的，一样偏食。

各种口味都接触，孩子才营养健全。并且，从中逐渐找到自己喜爱的领域和风格。

读书是地地道道的素质教育。素质、修养，都不是一蹴而就的事情，所以，读书的成效也别指望立竿见影。把书读好了的人，是有胸襟和筋骨的人，读呆了或者读飘了的不在其列。读书是超越当下生活的，是能帮你打开眼界、海纳百川的。读得越多，肚量越大，杂货通吃，荤腥不忌。即便是描绘身边生活的书，你也会从中看到有那么多种生活的样式，有那么多种看待生活的视角，看过这些，当你反观自己的生活时，就会有些不一样的感觉。读出了胸襟和气度，就不会是狭隘的人。

读书还是要逐渐形成自己的思考和判断的。人云亦云就是因为自己的头脑不灵光，或者压根没有自己的脑袋的结果。书读得越多，越能读出自己的见识；书读得越少，稀里糊涂就跟着一个脑袋跑了。这种积淀，

和纸质书反复对话的过程，
是人的思想慢慢发芽和生长的过程，
不急不慌，安静生长。

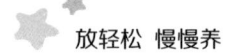

非一日之功。

学一个知识点会一个知识点，做一道题会一道题，这是小生意的做法，一手交钱一手交货。而读书，就像放长线钓大鱼，你不知道大鱼什么时候上钩，但意外的收获总会到来。这个收获，也不一定如你所想的"有用"，它也许是一种有趣而深邃的思考，抑或是坎坷境遇中的自救。这种关乎人生的"无用"往往才是真正的"大用"。

为了诱惑更多的爸爸妈妈爱上读书这件事，不妨再说得实惠一点。会读书的人，读图读出了观察能力，念字念出了咬文嚼字的能力。就凭这两点，任何学科的学习中都非常重要的一环——审题能力，那是不用担心的了。

还有，早早占据兴趣的制高点，与电子产品抢夺孩子注意力的高端法宝就是这两样：一是玩，最好是在大自然中玩；二，就是读书。

读书自有它的路数。既然不能把读书当成正襟危坐的学习，那读书说到底就是一个乐子，就别把学习上的那一套挪到这里了。什么布置安排，什么提问督促，什么必须写出读后感，真弄成这样，孩子抵死不读书了。别说逼着大孩子每本书都写读后感了，就连小孩子读个绘本，还要又复述又追问的，烦死人家算了！所谓苦读书，读的都是应试科考的书，就放之四海而皆准，棒杀一片了。真正爱上读书之后，苦中作乐那是心甘情愿自然而然的事情。

读书的路数千万种，就本人概括而言，亲子阅读的路数大致两种，多了也记不住，不好操作。一方面是读，一起读，大声读。有文字的抑扬顿挫读出来，没文字的用观察和想象"读"出来。在同一个起点上，孩子和父母肩并肩的共同出发，是亲子阅读能够读到彼此心底的要义。永远抱有和孩子一般的好奇与期许，这样的阅读必然新鲜灵动，惊喜不断。另一方面就是聊，你发现了什么好书和孩子聊，孩子看过了什么好书和你聊。孩子年幼就按年幼的程度聊，孩子大一些就按大一些的程度聊。

聊聊在这本书中的发现与心得；

聊聊最感动最搞笑的一幕；

聊聊最有感觉的一个角色、一句话；

聊聊印象最深刻的细节；

聊聊这本书最牛的地方和最糠的地方；

聊聊这本书与其他书的同与不同。

聊来聊去，一本书最精彩或最不足的地方就都被找到了，比较与归类的能力也渐渐架构起来了。会欣赏、会批判，所谓知识分子的感觉就慢慢冒出来了。

回首往事

孩子：

小学，我：妈妈妈妈，我好喜欢《阿衰》，能不能给我买一本！我妈：不行。我：我们班同学都买啦！我妈：漫画书不值得买。

唉，小时候的借书之旅真是辛酸，邻居家小孩，区区一年级，就有十几本，而我呢，都五年级了，一本属于我的《阿衰》都没有。妈妈可真是古板，她怎么就不懂，不喜欢漫画书的小孩子怎么能长大这个道理呢？我总得拉下脸找班上讨厌的同学借书，尊严是啥，我不晓得哎。

安全教育大过天

当爹当妈的最容易掉进的陷阱就是"说教"：你要……你应该……你不许……就像我前面谈到的，话说三遍淡如水。说多了吧，孩子真记不住。遇上厉害的主儿呢，"要"？我偏不要！"应该"？就不应该！"不许"？我自己许！真有一天落到此间境地，你打算如何？

青春期的那些个和父母成仇的孩子，几乎都是小时候在没完没了又高压强权的"说教"中长大的。所以，最最重要的安全教育，也千万别让它在话多惹人烦的境况下贬了值。

安全自护，平安长大，这是为人父母者最简单也是最大的心愿。

所以，我们把一些重要问题归一下类。

居家安全：

首先是电。要留意插座插孔的位置，插座与电器的连接处，充电的电子产品；

其次是药物。尤其是口味比较甜的糖衣片、糖浆、粉剂，还有入口不那么苦的药物；

第三是液体。开水热汤、消毒液、清洗剂、喷雾剂之类的放置；

第四是高处。窗台、阳台、床、茶几、桌椅等容易爬上和跌落的位置;

第五是火与气。现在很多家庭中已经没有火炉了,但是煤气、天然气的安全需要日日检查;

第六,尖锐细小物品。注意挖耳勺、牙签、针、温度计、小珠子小扣子等的收纳;

第七,浴室。水温、浴缸及地面防滑,电和气的安全。

大家可以看到,在家里的安全主要是靠大人来预防和避免的。对于需要孩子远离的物品,在孩子并不能清楚地理解这些危险的时候,大人最好对孩子做一个严肃的表情或动作,同时把这个词清楚地说出来就可以达到效果了。

大猫1岁10个月不喜欢别人进门时,她拒绝的理由就是:"有电!"电是什么,她不明白,但只要她知道这东西不能碰就行了。

不要过度渲染,避免激发好奇,孩子只要做到就可以了。

外出安全:

首先是防走失教育。出门无论什么时候都要拉住大人的手,做什么要先征得大人的同意。

再大一点,就是不要被其他人领走,每天接送孩子的人要明确固定,告诉孩子,这几个人是一定会来接你的。除了这几个人之外,谁来接都不要和他们走,无论是亲人还是朋友。

再大一点,就是不要和陌生人说话。告诉孩子,不要接受陌生人的任何东西包括食物,不吃任何捡到的食物。也不要理睬陌生人的求助,在幼儿园、学校想要帮助别人,要和同学、老师一起做;在外面帮助别

人，那是成年人的事。

其次，活动安全。不要拿刀、剪刀、笔等工具对着别人，自己用这些工具时也要把动作放慢，一心一意。不要反向攀爬大型器械。不要和小朋友、同学推拉拥挤。无论在幼儿园、学校和外面，都要避免凑热闹而前往拥挤密集的人群中。不要用肉眼去看施工时闪烁的电焊火花，因为电焊产生的高强度的不可见光会灼伤眼睛。

最后，交通安全。过马路一定要遵守红绿灯信号，不急不抢，与车辆保持距离，行走时随时注意转弯车辆，与大车、高大的建筑物和广告牌保持距离。公交车进站停车前不追挤，坐车不伸手到窗外，在车上不吃带有小棍子的食物和容易呛咳的食物，抓稳扶手，上下车和上下扶梯时不拥挤。

这一节，包括下一节的内容，只靠"说"是绝对不行的，都是要和孩子认真演练和实践的。演练隔一段时间就要进行一次，实践则要在日常生活中坚持不懈。要让孩子烂熟于心，付诸行动。

个人安全:

第一，避险常识。让孩子在突发灾难中学会逃生，包括火灾、地震、踩踏、暴力事件等。在发生意外的情况下学会求救，学会自助。

第二，性安全。比基尼的三点式位置决不允许别人看到和碰触，亲人、老师也不例外，除非征得妈妈的同意。只要别人接触你的身体让你觉得不舒服，你都可以坚定地拒绝。不和异性单独待在密闭的空间里或者荒僻的地方。不管别人怎样恐吓，遇事都要告诉父母。

儿童的意外伤害触目惊心，不得不引起每一位家长的警醒。

我们当地的记者组织了一个角色扮演的情境练习。几位记者在征得驻地公安及学校的同意后，扮演了几个诱拐孩子的坏人，并征集了一些家长志愿者的参与，对他们的孩子进行了实地测试，家长们躲在暗处实时观察自己孩子的反应。测试的结果让这些家长们汗如雨下，连连惊呼"可怕"。在平日的谆谆告诫下，他们坚信绝无问题的孩子，百分之百在物质诱惑和同伴鼓动下败下阵来，全数落入"坏人"的圈套。别说概率100%，就算1%，落到谁头上谁也受不了。

注意什么和遇到事怎么办，这两点是我们需要时时和孩子讨论与演练的基础工作。

大猫还在上幼儿园的时候，有一次去超市，人很多，我们很忙碌，大猫很兴奋。结果，大猫转眼不见了！我俩瞬间呆若木鸡，脑袋嗡嗡响，嗓子眼干得要冒出火来了，汗一下子就下来了。正在满地乱窜的时候，超市广播里开始哇哇地对我们指名道姓，那效果就像："邓超，OUT！李晨，OUT！郑恺，OUT！"原话大致如此："某某、某某某，你们的孩子在广播室等你们！"

天哪！那是我这辈子听到的最动听最感人最美妙的声音了！我俩狂奔过去。大猫一脸淡定：不是说在商场丢了要找广播嘛！这小人人，她是怎么找到广播的呢？瞬间都要给大猫跪了，转念一想，还是给自己来个嘉奖吧！

时至今日，人家还能在这个家里对我们各种超低智商的愚蠢行为冷嘲热讽，还能这会儿高兴那会儿不高兴地冲着我们傻笑或是号啕，全亏了那次的广播，全亏了我们的先知先觉和大猫时刻谨记的熟练操作。不然呢？何处觅得后悔药呢？

两三岁的孩子，如果连父母姓名、联系方式、家庭大致位置、幼儿园名称都不知道的话，真不明白爹妈存的是什么心思？

防患于未然啊，同志们！安全大过天啊，同志们！

兴趣班，究竟是谁的兴趣？

兴趣班这个词真是非常有趣。那些个林林总总的名称，放眼一看，动心的明明都是大人，偏偏还要冤在人家小孩子的头上。到现在我也没弄清楚，这些兴趣班究竟是谁的兴趣？小孩子究竟知不知道这些兴趣的"兴趣点"在哪里？

不明所以就一个猛子扎进去，每天起早贪黑奔波劳碌，大人和孩子斗争不已相持不下，为了这个"兴趣"，把多少家里搞得没了兴趣。钱、时间、精力全搭进去，大人成了全程全职的陪练，孩子成了没时间、没气力、没兴趣的"三无"产品。

在这其中，最终能成为"兴趣"的，寥寥无几，绝大多数都会半途而废，仅剩的一些走上了艺考生的道路。大人和孩子争战拉锯的结果，是把这些"兴趣"消磨得面目全非，甚至好多孩子一辈子再也不愿意碰它们一下。

兴趣变仇恨，谁都不愿意看到这个结果吧？

那么，我们来看一看和兴趣班有关的问题。

首先要确定的是，孩子究竟对什么感兴趣，请注意这句话当中的主语。那怎么知道孩子对什么感兴趣呢？拉出去遛遛！是骡子是马，咱就清楚了不是？概念也好，问题也罢，都是要一点点剔除和澄清的。

就像当年大猫听到汪正正天天唱："超越梦想一起飞！"小人人说："妈妈，我很感动！""感动？"我非常诧异，"不是激动？"在我的理解中，这首歌一出来就是运动员拼搏的场景啊！

"啥是激动？啥是感动？"大猫穷追不舍。

俺灵光闪现："激动就是想跳起来！感动就是想流眼泪！"

"妈妈，我就是感动。"这下，大猫确定一定以及肯定了。

选兴趣班也是这样。

人家大猫要学拉丁舞，电视上看来的。好家伙！那狂热，不会吧？

我再度追问："猫，你想学的到底是摩登舞还是拉丁舞？"大猫表示不解。我就只好亲身示范，拉长脖颈，两臂端起，做一个优雅的旋转（自己认为的）。

下一个呢，就狂扭屁股。

大猫坚定表示，就想学扭屁股的那种。好吧！我抹抹汗，老天，这和我期待的优雅女儿差了多远啊！

美术，大猫溜溜达达，看了这家，看了那家，见识多了呗！人家的观感就冒出来了，开始指点江山了："这个老师画得不太好！"这小家伙，懂什么呀？那可是教美术专业的老师啊！我表示不解，人家慢慢悠悠地说："这个老师画的人，眼睛是死的。"好吧，在眼光日益毒辣的大猫面前，咱啥也不说了。最后，人家自己选定一个，咱掏腰包就是。

报兴趣班之前我们该做些什么？

一、要周游世界。让孩子充分地看，充分地了解，在广泛勘察、有所比较的基础上划出一些范围。喜欢什么，毕竟是孩子自己的事情。

二、要交换意见。在孩子选择的基础上，综合考虑可行性，比如路程、时间、经济能力、父母的精力等。毕竟是个兴趣而已，抛却功利的诉求之后，很多兴趣班是不值得孤注一掷、倾其所有去学的。如果付出这么大的代价，一旦中途停止或者达不到家长的预期，父母的失落、孩子面临的压力可想而知。

三、要建立共识。当你尊重了孩子的选择，又经过了合理性评估之后，就需要和孩子建立一个君子协定了。比如，没有特殊原因的情况下，是不是起码能够坚持一个学期呢？三天打鱼两天晒网，随意地放弃和中断，对自己、对爸爸妈妈，都是不够负责的。

一般情况下，我建议孩子上兴趣班的年龄在 5 岁以上。这个时候的孩子，大、小肌肉的发展日渐成熟，协调性提高，注意力的发展也比之前有较大提升。兴趣逐渐指向外部，勤奋感开始发展，参加兴趣班是比较适宜的。年龄太小的话，孩子学习所要付出的代价巨大，又往往效果不佳。

我们不能只盯着孩子学会了什么，更要看他们付出了什么，甚至，失去了什么。说到这里，必须澄清一个概念，正如之前反复说的那样，说教不等于教育，早教班不等于早期教育，兴趣班也不一定等于孩子的兴趣。对于这一点，要有清晰的认识。

兴趣是孩子主动自发的，不是勉强灌输的。兴致勃勃和热情好奇，哪里是别人强加干预就能够实现的？给孩子时间，给孩子机会，才是培养和发展兴趣的硬道理。大人把孩子的时间、心灵和脑袋都占满了，哪还有闲情逸致发展兴趣？兴趣是自由的产物，让孩子发展兴趣，你给人家自由了吗？

更让人无奈的是，那些开始打着"兴趣"的旗号，渐渐把孩子逼上梁山的父母，左右攀比，只许向前，不由分说，必须学好！原本说好的"兴趣"呢？怎么变成了声色俱厉的又打又骂？打着兴趣旗号的一艘船，就这么划着划着驶向了风卷浪涌的深水区？比黄药师的那艘船还坑啊！

某名家的成功是一个特例。特例的意思就是不具有普适性，不可复制不能推广。我身边的琴童，真正如父母心愿学成的，很少。反倒挂在耳朵里的例子，不是把爹妈气坏了，就是把孩子整坏了。就算出发点是善意的，可一旦功利当头，也就不知道走到哪一步去了。功利，一切为了有用，这个"有用"就决定了我们那么多的选择。

兴趣到底有用还是没用？兴趣和饭碗之间到底是怎样的关系？兴趣对一个人的人生究竟意味着什么？还有，兴趣指向的仅仅是艺体类的活动吗？科技制作算不算？劳动技能算不算？烹饪手工算不算？户外远足算不算？天文、地理、历史、生物、物理、化学，它们不只是学科知识，更是一个个鲜活的兴趣点，与自然、社会有关的万事万物，都在兴趣的视野之内，可我们往往视而不见。

这些，可能才是需要讨论的根本问题。

大猫画画在初中前就停了，原因不在她身上，但这也没有影响她为朋友精心绘制或者制作漂亮而新奇的礼物的能力。画画也罢，手工也罢，皆为原创，令人惊艳。

小时候大猫什么乐器都没学，到初二了突然要求学习大提琴，因为人家觉得大提琴的声音实在是太好听了。

小时候大猫基本没接触和音乐沾边的兴趣班，可后来开始酷爱听歌、听音乐，对各种类型流派的歌手和音乐都兴致浓厚，品评起来头头是道。在中考到高考的每一天早晨，尽管学习那么苦累，但我只要一听到她每天早起时的歌声，我就知道，她能够撑得下去。

回首往事

妈妈：

温尼科特最早提出的"假性自体"，还有北大教授提出的"空心病"，都让我们看到了成为妈妈的好孩子需要付出的代价。从小听从妈妈安排、取悦妈妈的那些"特别乖""特别听话""特别懂事"的孩子，内心深处感受不到愉悦和满足，失去了真实的热情、存在感和意义，不知道自己为了什么活着。貌似活得很成功，但却是假假地活着，对人生的虚无和迷茫让他们陷入自我怀疑和困顿之中，甚至出现严重后果。这是很值得我们深思的。

孩子：

妈妈对于我兴趣的培养，是完全的民主。可我想说的是，到现在我没有一个兴趣是一直坚持下来的，对此颇感遗憾。

小孩子总是很容易变的，今天说风，明天是雨，要完全靠小孩子的自觉去坚持什么几乎是神话。可如果小孩子死活就不想去学，那也确实是没有办法，反而是拔苗助长。这是个难题，因人而异。

不过到现在为止，我身边坚持学下来某种东西的人都很感谢小时候的没有放弃，倒不是非要学得多优秀，只是比别人多会一样本领。把握"度"很重要吧！

真正的兴趣挡不住

有段时间总是频繁跑不同的学校公干，突然就发现很多学校和以前的印象截然不同了：崭新的校舍，现代化的跑道，气派的大门。那些老房子呢？答曰：早就拆了。再补一句，这里也待不了几天了，马上要搬新校区了。和一个朋友聊起学校以前的事，他说的一句话直指核心——老校没有老校的样子了。老校没有老校的样子，不是有新校区，就是在大学城；老城没有老城的样子，不是高楼大厦，就是灯红酒绿。我们是这么年轻的国度吗？年轻得已经不能安放一段历史？牛津、剑桥、清华、北大倘若齐刷刷地迁往了大学城，那个城市还留下了什么？那所学校还有什么可供学生缅怀？

没了历史，何来文化？

速食年代，每个人都没了过去，就连当下都岌岌可危，恨不得直抵彼岸了。在这么急切的漩涡里，陪伴和等待孩子成长也成了一件那么让人着急的事儿。要么是身在，心不在；要么一回头，张嘴就是："怎么还不去学习？"

养孩子不是精准的流水线作业，一切全在掌控中，到什么点儿，确定收什么货。标准化生产，计时计件，规格敲定，质量三包。

农业的收益不容易精确，工业的效益则基本能够预期的。

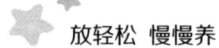

养孩子说穿了就是务农，没有斤斤计较和立竿见影的事情。在根本不能预见收成的情形下，田地中的每一点不同在眼里都是喜悦，发芽、抽穗、开花，小小种子的每一点努力我们也都亲历亲见，最后的收成则是水到渠成，急也没有用。

在根儿上该操心的时候不操心，到后来不该操心的时候瞎操心，本末倒置。与兴趣班——这种大人瞎操心的事相比，每个小孩子的兴趣可都是人家自个儿操心的。不信，你可以好好去想想。

反正，俺家大猫痴迷活物。我们家说是三口人，喘气的可从来不止三口。

金鱼。大猫一次次地养，养到后来，大猫有了经验，最好养的就是那种身子细小，尾巴漂亮的孔雀鱼啦！养得都生了一堆小鱼，结果小鱼被大鱼吃了。"大鱼吃小鱼，小鱼吃虾米"的道理，大猫算是亲身实践，永志不忘了。

乌龟、螃蟹。大猫的养殖经验是，螃蟹不好养，乌龟好养。这都是人家自己总结出来的，比别人教深刻多了！

有次带大猫去一家装饰公司，我们忙着和人家讨论家装的事情，大猫一个人趴在大玻璃缸前看里面的乌龟。出来的时候，大猫说："妈妈，那乌龟太可怜了！""就是啊！放在那个地方空气也不好，还没有自由！"我觉得自己接得还不差。没承想，大猫接下来说："它老想往外爬也爬不出来。指甲都磨得没有了，还在爬呢！"

小孩子能看到的，我们永远也看不到。

那天早晨一下地，就觉得脚下咯吱咯吱的有砂砾，怎么回事儿啊？一晚上家里怎么进来这么多沙子啊！仔细一看，全是蜗牛！到处爬！大猫偷偷抓回来放盒子里，没想到人家蜗牛自己越狱了。然后，我们踮着脚尖扭捏作态，大猫在一旁幸灾乐祸。

后来又发现，阳台上多了个鞋盒子，上面很奇怪地扎了些洞洞，顿觉大事不妙！回想起来这两天大猫总是鬼鬼祟祟的表情。这小子，又整什么幺蛾子？！小心翼翼地把盒子盖掀开，一只蜥蜴！四肢舒展，得意扬扬地爬了出来！我的天啊！我都快坐地下了。

一天放学回来，直奔姥姥家。这绝对不正常，我知道，一定做什么乱了！好家伙，一只小兔子在姥姥家活蹦乱跳。人家用自己的零花钱买回来不说，居然还和摊主砍价："便宜点，等我有钱就再买你一只，给它配个对儿！"好了，那摊主的脑袋一定被灌浆了，还真就给她降了价！不过，也许人家是慈悲心发作也未可知。

放在姥姥家的原因一目了然。我们都上班，兔子谁来管？饿死不成？从此，姥姥过上了水深火热的生活，天天去早市捡菜叶子！你知道那兔子有多能吃吗？一个老同事见状甚为不忍："老姚啊，你们家日子这么紧巴啊？你老伴儿怎么天天捡菜吃啊？"就为捡点菜叶子，还差点和人家专门养兔子的掐起来。那人欺行霸市，独占资源。老太太还偏不信这个邪："我就给我家外孙女养一只兔子怎么啦！"得得得，从那以后，等老太太捡完了，人家才在后面打扫战场，惹不起啊！

从此，兔子也过上了水深火热的生活，天天被爱干净的老太太洗澡！有谁听说过兔子要洗澡的？老太太一辈子酷爱干净，怎能允许家里有一口儿不洗澡！洗了，还得烤干不是？水一出，火一出！那兔子，肥头大耳，雪白锃亮。

姥姥有活儿干了，大猫又给奶奶找了事儿！

两只小鸡！在奶奶家阳台上努力飞行，满地鸡毛。羽翼丰满了不说，还憋不住地开始打鸣！黎明即起，准时准点！都市里的村庄。邻居

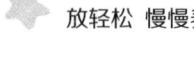

没抗议简直是奇迹!

这? 根本不算完!

养蚕。我们在北方,懂吗? 到哪里找桑叶啊! 眼瞅着那一只只小蚕饿得奄奄一息,让人揪心难受。我们四处侦查遍地寻访,都赶上植物学家了! 总算打听到一棵桑树的所在。捱至傍晚,我俩蹑手蹑脚钻进旁边一家单位的院子里,偷! 桑! 叶! 天啊! 这么提心吊胆,究竟是为了啥? 好歹熬到结了茧,大蛾子扑棱扑棱飞了,总算松了口气。

仓鼠先生和仓鼠太太进家了! 大猫的理由是,这个好养!

仓鼠的作息你知道的吧? 晚上折腾得最欢啦! 两个家伙抢着跳进那个转轮里,你把我挤出来,我把你拱下去。我家老赵先生整晚睡不着,就觉得家里进了贼。

大猫每天给仓鼠洗笼子、换卫生纸,菜叶子还不能即刻从冰箱里拿出来就喂给仓鼠吃,还不能沾生水。辛辣的东西,韭菜大葱都不能给仓鼠吃,怕人家仓鼠拉肚子。大猫顾不上的时候,我就成了兼职保姆。眼瞅着仓鼠从我手里把食物欢天喜地抢走,鼓鼓囊囊塞进腮帮子里,然后呼噜呼噜吐在人家的"仓库"里,完了还要戴上手套给人家清扫鼠舍。

这个世界啊,我真是不明白啊!

功夫不负有心人,这对夫妇居然还生了后代了。

不过,仓鼠的一生也是充满意外啊! 母仓鼠不给自己的孩子吃奶,大猫急得把小仓鼠拿出来,想给它喂奶。结果,徒劳无功,母仓鼠到头来还不认账,小仓鼠就这么没了。这么一来吧,我的心里也怪难受。然后,就发现大猫举止反常,到处找手电,找来手电趁我们不注意还到处东瞅瞅西看看。一想,这家伙又干了好事儿了!

等爸爸值班去了,大猫才口吐真言:仓鼠先生丢了! 我都呆了! 怎么丢的？不就因为鼠太太生孩子，怕鼠先生吃掉小家伙吗？就把鼠先生放在一个盒子里隔离了，然后就没了。我俩把家里所有家具搬开，把所有角落清扫一遍，比新年大扫除还彻底，直接累趴了！鼠先生踪影皆无。爸爸回来也急了，又找一遍，鼠先生踪影皆无，那个绝望啊！我们用了很久才把担惊受怕的心放回肚子里。大猫眼见仓鼠一家人丁凋零，也狠狠心把鼠太太送了人。

家里瞬间清静了。

疗伤期过后，大猫叽叽歪歪贼心不死，又把两只胖嘟嘟的仓鼠迎回了家。人家的说法是：我研究过了（这话倒是真的，人家专门找来了饲养仓鼠的书籍），这个品种非常好！

大猫外出，第一件事就是找人托付她的仓鼠，还真有人接招，最滑稽的是，那孩子家里养的是猫！

总而言之，我也不知道这个世界是怎么了，那只虎彪彪的大猫见了仓鼠吓得落荒而逃。仓鼠上位，骑在那只猫的背上威风凛凛地坐花车巡游！猫和老鼠亲密密，所言不虚！仓鼠没落在猫的爪下，但架不住自己挑食嘴刁，也估计再加上内部火拼，一只就此仙去，还害得那个孩子内疚落泪，来了个入土为安。另一只倒是活得生机勃勃的，在我和大猫外出的一段时间里，成为姥姥的宠物。开门就自动跳出来，打扫完自动跳回去，在姥姥爱抚下也全然不惧，给啥吃啥，兴高采烈。

姥姥大喜！

三年过后，眼瞅着它步履蹒跚老态龙钟步入高龄，有一天早晨醒来，发现它寿终正寝，安然离去。那两天，没把我哭死！想起来就掉泪。后来想想方觉不对，这不是大猫的宠物吗？怎么害得我伤心难过？

其实，人家大猫从始至终想养的是一条狗。开始一心要养金毛，后来秋田亦可。自己买来了狗狗秘籍，倒背如流，这是什么品种，那是什么习性，说得头头是道，只是架不住爸爸坚决反对，总归未能得逞。狗狗没养成，那些别的家伙就折腾不息，轮番上阵。

尽管大猫费尽心力说服姥姥姥爷、说服爷爷奶奶，说得嘴皮子都薄了，但因为各种原因，大猫的心愿还是没有实现。最后还是转到我们这里，我狠狠心："养你不养狗，养狗不养你，只能养一样。"大猫万般无奈，只好寄希望于我们退休了。不过，到那时爸爸这关如果通不过，估计还是没戏。

这就是宠物引发的一系列案宗。

说这个的意思就是，真兴趣，挡也挡不住。假兴趣，摁在那儿也没用。还用报什么班、花什么钱、费什么劲儿？挡都挡不住，扑都扑不灭呢！

因为兴趣，等同于因为爱情。

情不知所起，一往而深。

回首往事

孩子：

买兔子的事，我说了善意的谎言，没有降价这一说，原价15元，我怕妈妈说我乱花钱，就自己贴了10块压岁钱，跟她说我5元买的，特此澄清（天下哪有那么好的事嘛，天真！）

可是回想起来，这些孩子们的兴趣和大人们的兴趣可能永远也无法对接，小孩子的兴趣总是围绕着"好玩"二字，是不求回报的，而成人的兴趣却总伴随着一定的收益，比如会弹钢琴，那就能上台表演；比如会写毛笔字，将来写作就可以得高分。可是从"随你咋地"教育（我把我妈的教育称之为"随你咋地"教育）层面来讲，小孩子的兴趣就一定要大力推崇，成人的兴趣就一定不好吗？也未必啊。

要想小孩子在可获得收益的兴趣面前穷追不舍，就像是要把奶嘴拧在矿泉水瓶口上。只能说最好两边都兼顾一下，矿泉水和奶嘴各得其所，找找平衡吧。

慢慢说话才能有良好的沟通

饭可以瞎吃，话不能乱说。祸从口出，一点不假。想想我们和孩子说的话吧，其实就三种：一是表扬，二是批评，三是聊天。

有话慢慢说

大家热烈追捧龙应台的《孩子，你慢慢来》，慢慢来不仅意味着要耐心等待、对孩子的成长抱有宽容，更是要尊重孩子独有的成长、接受新事物、吸纳并同化知识的速度。孩子，真的是很慢的。急也没用，大人越急孩子越发呆，手脚越笨拙，反应奇慢，错漏百出。

小孩子的思维和大人不在一个频率，总是比大人慢一些的。当然张嘴就来的也有，但不一定会过大脑。爹妈讲话像炒豆子一样快，纯粹是不让孩子听明白。孩子的思维跟不上自己的嘴，又急着想和你交流，怎么办？口吃了呗！不催不逼不着急的父母，孩子口吃的现象很少，都是着急惹的祸。而且，一快了吧，大人自己的情绪不由得就奔涌出来了，杂碎也冒出来了，但一慢下来，孩子就听进去了，而你的心态，瞬间也就稳定了。

关键是，你平时和他交流的语速比较慢的话，真有什么激动人心或者心花怒放的时刻，你喜不自胜的感觉会特别强烈地感染到孩子，真正的愤怒与悲伤也会深刻地传递给孩子，孩子会从心底里对你的情绪感同身受。如果你平时就语无伦次情绪失控，真到了你怒不可遏的时候，孩子根本没感觉。虱多不痒，债多不愁，孩子早就懒得搭理你了。

放慢语速，也意味着少有语病。嗯嗯啊啊这个那个，讲话抓耳挠腮咽口水，孩子的好多毛病都是从大人那里学来的，照搬现演。但是现在很方便，有录音什么的，实在不行，就对着镜子练。当爹妈哪有那么容易？哪个领导的讲话水平不是练出来的呢？人家还有秘书准备稿子，咱不靠自己靠谁呢？

还有，放慢语速，更意味着——重要问题一遍警醒。对于关键问题重要语句，"听好了哦，我开始说了，我只说一次哦！"这时候，孩子的耳朵一定是竖着的。

"爱就一个字，我只说一次！"越重要的越稀有，越多越不值钱。好多妈妈在青春期儿女心目中"不值钱"，就是因为话多。话说三遍淡如水，事实上，妈妈的话可不只是三遍，同样的话语循环盘绕，不说个三五十次就做不到随口就来。埋怨老公、数落孩子根本不用动大脑，就是这么练出来的。行为自动化的前提就是不断练习，还指望孩子的耳朵竖着吗？早埋土里了！

很多爹妈和老师都在抱怨现在的孩子牙尖嘴利，讲道理讲得振振有词，把大人噎得哑口无言，嘴巴厉害得像是要吃人了。这有什么吃惊的？还不都是大人教会的吗？每天没事就和人家讲道理，磨嘴皮，不就是在逼着"对手"对此给予高度重视，并在你来我往的过程中提升段位吗？大人搜肠刮肚地讲道理，孩子也会做同样的事。天天国际辩论大

会，孩子辩论的水平能不高吗？大人要嘴皮，孩子比你要得更顺溜。

大人，还是少说罢。说快了，一不留神就会伤人。良言一句三冬暖，恶语伤人六月寒，绝不为过。

表扬和批评，想好再说

先说表扬。表扬为的是什么？是让他有奋斗的目标、动力和信心，还是为了让他谋划着获得更多表扬？是让他从表扬中获得有价值的信息，还是让他觉得表扬不过是大人言不由衷和故作夸张？

一个简简单单的表扬，产生的结果完全不同。

说到表扬，有几个字很是要命——好，棒，最。

"真是个好孩子！""真好！"

"太棒啦！""真棒！"

"最聪明了！最能干了！最漂亮了！"

什么是"好"？怎样才是"棒"？和谁比就可以称之为"最"？空洞的定义不明的形容词再加上滥用，出现的结果往往是评价的效力和效果减弱甚至没有。还很可能导致孩子过分关注与依赖外在的、他人的评价。非第一不行，非至尊不干。一旦得不到那个好、那个棒、那个最，就是严重挫败，万般失落，心灵越来越不阳光。

谁都看着自家孩子好，可外人不会这么看。被自家人捧习惯了，忽然没人捧、没人理了，巨大的反差不啻从糖罐子里掉到冰窟窿里。自己说得理屈词穷，孩子听得无动于衷，还滋长虚荣。

表扬前先想想，这次表扬的落点是什么？这次表扬和之前表扬的是同类型的行为吗？如果是同类型的，在程度上或者范围上有区别吗？

该表扬就表扬得清清楚楚。"好家伙！这是谁干的？看人家这地扫的，苍蝇踩上去还打滑呢！干完活了都不忘记把笤帚簸箕放好，有头有尾的！"用了一个比喻句是不？很形象。描述了一个好的行为是不？可重复。

"这房子搭的，我可真没想到能用这种办法！你看，房子变得大多了！"这是对孩子爱动脑筋的肯定，但不用"聪明"二字。

"大猫对姥姥真好，每次来姥姥家都要给姥姥带点好吃的。"这里是说"好"了，但后半句说清楚了"好"的含义。

再说批评。批评不是以势压人，引发大人愤怒的不一定是孩子和当下这件事，更多是大人自身尚未解决的情绪。

批评的原则一是不翻旧账；二是对事不对人。

好多爹妈可能是为了增加讲话的分量，举一反三的能力特别强。前看五百年，后看五百年，滔滔江水连绵不绝，偏偏把当下这最重要的一截漏掉了。此情可待成追忆，只是当时已惘然，反正是回不去了，也就忘了是怎样的开始。

下次，就原样再来一回。

这样的批评不过是重复累加的回忆罢了。是的，事儿是越来越多了，但一件也没解决。罪犯也能有光明的未来，英雄还有不堪回首的昨日，咱就只说当下吧。

孩子犯了错，问这几句话：

"是怎么回事？你心里怎么想？你觉得这件事做得怎么样，为什么？你打算怎么办？如果换一种做法，你会怎么做？"

第一个问号，问的是状况；

第二个问号，问的是动因；

聊天是分享见识，
是宣泄情绪，是交换观点，
是拉近距离，是亲密感情，
是互相打气，也是彼此调侃。

第三个问号，问的是孩子自我立场的评价；

第四个问号问的是对后果的承担与处理；

第五个问号，问的是可能的改变。

如果再复杂一些，增加两个也就够了：

"对方（别人）是怎么说（怎么做）的？如果你是他，你会怎么想（做）？"

第一个问号问的是当时的情势，第二个问号是对孩子换位（移情）能力的提升。

环境清楚了，情况摸准了，心思明白了，才能有全面客观的分析和处理。这样的批评，孩子的抵触情绪会减轻，才愿意讲真话，也才能够听进去话。

其实小孩子的心思，我们真是不懂。有个男孩在幼儿园被老师批评了，因为他从平台上当众往下撒尿。这个，很难容忍吧？一问人家孩子，你猜怎么着？孩子答：这样很像喷泉啊！上次我看喷泉的时候看到彩虹了，我想试试这样能不能看到彩虹。

不问缘由，胡乱批评，尴尬的是大人，冤枉的是孩子。或者说，揪住人家小辫子不依不饶，要知道，如果是小辫子，就算狠揪一把，总共才能有几根毛？如果是大辫子，一次就要一次的效力，重拳出击，印象深刻。写作文还讲究主次有别、轻重不同呢！大事小情没完没了，滔滔江水连绵不绝，定要和唐僧比个高低？烦也烦死了。

谁都会犯错，绝不贬低孩子，绝不人身攻击。这是原则。

聊天的时候把孩子当成朋友

　　表扬和批评的时候，你们的地位可能有些不平等。大人往往扮演的是评判者的角色。但聊天的时候，就别想再当训导者或检察官了。哥们姐们在一起，不就为说一些掏心窝子的话吗？要是这个时候还端着架子拿着腔调，也难怪孩子不待见。想想你和领导老师什么的在一起聊天的感觉吧，舒服吗？自在吗？巴不得瞬间遁去呢！

　　想和一个人拉近距离，最好的办法就是聊天。聊得深入投契也罢，聊得兴高采烈也罢，都是融洽感情的极好的方式。想和人亲近？赶紧去聊天吧！大人小孩都一样。聊天是分享见识，是宣泄情绪，是交换观点，是拉近距离，是亲密感情，是互相打气，也是彼此调侃。

　　和大猫一起聊天是我最喜欢的事情，彼此自在，撒开胡扯。一般说的都是三种事——好玩的事、新鲜的事、丑事囧事。

　　好玩的事就为找一乐子，我俩一起笑得乱七八糟，没心没肺。你对孩子的"乐事"越感兴趣，再兴致勃勃地添点油加点醋什么的，孩子的"乐点"就会发散得越多。她说完了，我就再添点相似的或者相反的例子，反正就是互相抬轿子呗。幽默，就这么慢慢来了。有幽默感的孩子总是会受到格外的欢迎，会自嘲的孩子在别人的冷嘲热讽面前能扛过去。再者说，幽默来自会发现的敏锐眼睛和会加工的高级大脑，这两点，稀罕着呢！

　　新鲜的事，一般就是各自遇到的人和事，当下的热点、新闻、电视节目、好书好电影，或者能够深入讨论的话题和观点。很多价值观、哲学思辨，对行动方式和生活态度的评判，都是在这个时候不知不觉碰出来的。父母与孩子的观点碰撞得越多越深入，就越有新颖和深刻的东西冒出来，就会建立起深入讨论问题的习惯。好，为什么好；不好，为什么不好。三个臭皮匠的作用就是贡献各自的智慧，一个人贡献得越多，就越有地位。大猫的地位就是这么贡献出来的。她对事物的独立思考，对表达自己想法的信心，也是这么慢慢聊出来的。没事别总是讲道理，别以为讲道理就是教育，好多道理只不过是你的一家之言、一面之词而已。单向的倾泻是形不成流动的。

丑事和囧事是从大人的自我暴露开始的。在这件事上，大人倘若不能放低身段，实际是在给孩子、也是在给自己制造压力。在永远正确的大人面前，孩子总觉得自己错漏百出，而大人的完美形象一旦崩盘，更是没法收拾。暴露丑事囧事的目的，是让孩子知道你出乖露丑的感觉以及该如何去应对。

试想，大人一贯正确，孩子一做就错。在这样鲜明的对照面前，无力感直接就把孩子压倒了。反正自己做什么都是错，那干吗要做？如果他知道大人也会错，大人也有尴尬的时候，大人也有失败的时候，孩子对挫败就不会看得那么重。从众心理嘛，倒霉的又不只是我一个。大人也犯错，小孩子错一下没什么大不了。摔倒很正常，站起来拍拍土，二皮脸自嘲一下，就过去了。

再有，大人总是习惯提出做事要达到的目的和要求——要做好，要做对，但就是不告诉孩子怎么才能做好、做对，万一做不好、做不对又怎么办？在这样只问结果不问过程的做法下，孩子遇事要么无能为力、无计可施，要么一旦没有达到预期或者遭遇失败就一蹶不振。

我和大猫聊天，我的丑事囧事得意事灰心事，一桩桩一件件都对她细细说来。就连去早市买萝卜白菜的心得也和她掰扯一下，怎么分辨菜的好坏，怎么识别斤两的多少，怎么维权成功，又怎么吃亏认栽。遇到有意思的人和事，我就和大猫说："我得去采访采访。"如果她在现场，她就会看到我和对方聊天的经过；她不在场，我也会一五一十地把与对方交流的过程详细告诉她。

慢慢地，大猫也习惯了"采访采访"模式，我做了得意的事，她一定会问："妈妈，你是怎么做的？"我就把每一步的想法与做法和盘托出。我办砸了的事，她也会问个清楚，我呢，就这当作一次反省，把我砸在哪里，打算怎么弥补，教训是什么通盘告诉她。我尽可能把我走的每一步，都落在大猫眼里。榜样不应该只是成品，更是完成的过程，这就是我对"榜样"的理解。

如果说孩子成长的路上需要拆弹部队，需要滚雷区的那个人，那么，我愿意以我的过去和我的现在来承担这样的使命。前人栽树后人乘凉，给孩子最珍贵的馈赠不是这片阴凉，而是你种树的艰辛和心中的愿景。

大猫和我就是这么心心相印起来的，所谓的理解就是这样吧。我们的优点和光彩都有对方喝彩，我们的伤痛与弱点也有彼此认真倾听。大人和小孩，谁都不是十全十美，但我们总可以互相扶着走得更好一些。

前提是，你要先卸下你的外壳和武装。

回首往事

妈妈：

　　有话慢慢说，控制语速和数量的前提是，大人需要耐受自己的焦虑。焦虑值增高，讲话嗓门提高，滔滔不绝，把自己的情绪一股脑扔到孩子头上，"吼孩子"。

表扬和批评最重要的是，出发点和态度。

表扬要真诚，不虚伪不做作就是好的。不能作为要挟、控制孩子的条件和砝码，"你表现好我就爱你，你表现不好我就不爱你。"

重申一下，爱是每个孩子都应得到的，不是作为条件交换的。

批评，不要以势压人。孩子做错事本身就会内疚，温和而坚定地指出错误就好。不要再变本加厉、虚张声势。

无论怎样，大人先要整理好自己的情绪。

聊天就是聊"不正经"的事儿，侃天侃地，好玩。只说正经的事儿那叫谈话，不叫聊天，不好玩。

"孩子成长的路上需要拆弹部队，需要滚雷区的那个人"这个也显得有些一厢情愿，孩子是自己的拆弹部队，该滚的雷区也得自己滚。我们可以是先行者、陪伴者，但永远不是替代者。

孩子是自己生命的唯一主人。

孩子：

我个人认为孩子是不可能和家长成为铁哥们的，只能比一般孩子与家长的关系更进一步，而不可能完全像哥们那样相处。就像是职场，老板始终是老板，人家跟你拉近关系说平等相处，你要当真可就是傻子了，身为一个孩子，我们要有这样的职业觉悟和操守，嗯。

入园入学篇

当我们用提前介入、加快学习的
步调碾压孩子童年时光的时候，
我们就是养育了一群提前
衰老的儿童。

好幼儿园的标准其实很简单

选择幼儿园是大事，最起码在今天成了一件大事。在当年学前教育遍地开花的年代，基本上是个单位就有托儿所、幼儿园，上班中间就能哺乳，带着孩子昂首阔步奔向单位是我妈妈他们那一辈人的常态。在市场经济的大潮下，单位觉得养幼儿园、托儿所不挣钱又平添拖累，纷纷裁了、撤了。在幼儿园数量大大缩水的情形下，留存下来的都成了稀缺资源，以后要以高福利吸引人才，"本单位有幼儿园"就是十分有力的诱惑！

觍颜以业内人士的身份来评判一番，一所好幼儿园的标准其实也很简单：

第一，场地。可供孩子们户外活动的场地，越大越好，越贴近自然生态越好。孩子们在幼儿园是要保证有上下午各一个小时的户外活动时间的，因此，户外活动场地的面积和质量就是必要的保障。这个阶段是孩子身心发育最迅猛的时期，所以，阳光和运动都是不可或缺的。至于接近自然生态，意思就是漂亮的塑胶场地未必好，精心设计的亭台花园未必好，小土坡、植物、树木、沙池等等多样化的自然生态环境，贴近自然的气息才更能满足孩子成长所需。地形多样，绿植繁茂，沙土水源都有的场地最是理想不过的。

第二，玩具。户外的大型器械，室内的自制玩具、图书，各个游戏区域里的玩具越多样越充足越好。当然，小中大班的玩具和图书供应，是有很专业的讲究的，那是业内人士的事情，在这里就不多说了。我们评判的标准是，如果一个幼儿园外观很漂亮，硬件十分过关，但到了班级里却只有很少的玩具，有的甚至空空如也。那么，这个幼儿园的专业性和对孩子负责的精神就很需要斟酌一番了。要么是不懂行，要么就是不舍得，宁可把钱花在墙壁、钢琴等方面，也不愿意把钱花在玩具——对孩子发展价值巨大的易损易耗品上。以农村幼儿园为例，有很多幼儿园在资金匮乏的情况下，园里的老师们会巧妙利用废旧材料制作玩具，他们构思绝妙、丰富多彩，令人刮目相看。这样的幼儿园，教育观和儿童观不会差到哪里去。不会利用废旧材料制作玩具的老师不是一名合格的幼儿教师，在专业的幼儿教师眼中，无物不可用。

第三，卫生。当然，也包括营养。正规的幼儿园有着严格的卫生保健和消毒隔离制度，还有相应的器械配备，比如紫外线消毒灯等。保健医的存在不可或缺，一个幼儿园连合格的保健医都没有的话，就绕道走吧。要知道，幼儿园是集体生活的地方，严格的卫生与消毒工作就是对每个孩子的高度负责。一旦传染病扩散和流行，那就真不是闹着玩的。如果一个幼儿园空气不洁，器具蒙尘，还是不要去了。

说到饮食，对于食堂的严格管理是预防病从口入和避免食物中毒的必要条件。所以，如果一所幼儿园的食堂是黑黢黢的、邋里邋遢的，那还是有多远走多远吧！

孩子的一日三餐不是看着花样繁多、摆盘精细就好，高热量高蛋白高脂肪天天吃，烧的是钱，积的是病。好的膳食是要经过保健医的营养配比的，维生素、热量、蛋白质、碳水化合物等是要有合理配比的。专业的做法是要制定带量食谱。这里不再细说。

第四，师资。这个教育那个教育，这个流派那个流派，都是下位概念，别被忽悠了。真正的教育取决于人，要考量是否有一支高素质的稳定的教师队伍。师德、师风、专业素质，才是教育质量得到保障的关键因素。否则，就算吹得天花乱坠，都是空壳。有爱心并且能够践行爱的真正含义的教师、会观察并且给予孩子适时适宜帮助的教师、有耐心能够让孩子感觉安全和温暖的教师，才是真正能够有助于孩子发展的教师。一句话，能让孩子喜欢上幼儿园的教师，才是好的教师。

有了好的保教人员，就有了良好的生活、游戏和学习氛围，就使得所有理论意义上的教育有了贯彻的通道和可能，不然，只能是纸上谈兵。至于有违师德的情况，那真是给这支队伍抹黑的事情，当然，除了个人因素外，这所幼儿园整体队伍的培训和管理也有不可推卸的责任。

人员的从业资质和队伍的稳定，是最基本的前提。这个门槛不能再降了。至于其他呢，比如必须考虑离家远近的问题，涉及每日的接送与路途因素，所以还是很重要的。三年的风霜雪雨耗在路上，大人孩子都不易。至于特色、增值项目等，前提是考虑孩子学习的代价和必要性，很多东西是不适宜这个年龄段的孩子学习的。关于这点，后面会详细说明。

该如何度过入园适应期?

入园适应期的经验概括为一句话:长痛不如短痛。大人忧心忡忡期期艾艾,孩子就更是才下眉头又上心头,一家人长吁短叹愁云惨雾的,这日子可怎么过?

我见过两个典型案例:

其一,孩子入园,爸爸哭。孩子在门里哭,爸爸在门外哭。到后来孩子不哭了,一转身,爸爸还在偷偷抹着眼角的泪滴。

其二,奶奶化身侦察兵。搁下孩子了,奶奶趴门缝看,把门关上了,趴窗户看。从窗户上驱逐了,老师一回身,奶奶的头又从后窗冒出来了,后窗啊,离地很高,神一般的奶奶是怎么爬上去的呀?

照这种情况来看,大人比孩子脆弱,男人比女人脆弱。孩子上幼儿园,大人的焦虑比孩子更甚。以为小孩子傻呀,大人的情绪不光深深地影响了孩子,还容易被孩子利用。

说到底,上幼儿园就是为了离家,这是孩子社会化的重要一步。你是想让人家顺顺畅畅地走出这个门呢,还是让人家痛哭流涕走不出去呢?如此的千般不舍,都是对孩子的阻碍和牵绊。说是让孩子真正长大,但你的行为表达的到底是想还是不想?

入园前，需要解决三件事：

一、调整作息

找来幼儿园一日生活时间表，对照检查。一般情况下，家里中午吃饭晚，午休睡得晚，晚上睡得迟，早晨起得晚，喝水不定时跟着屁股后面喂。这三点看着没什么，但是对孩子的影响很大。睡得晚起得晚，孩子早晨在熟睡中被提溜起来上幼儿园，换作是你，你愿意吗？早晨起床和午睡的间隔时间太短，孩子中午怎么睡得着？那一两个小时在床上干挺着，你以为好过啊？幼儿园喝水基本定时，大家喝水他不喝，等出去玩了又渴了，人家上厕所他肚里没货没尿意，等老师开始上课了，他又着急忙活上厕所，还不够折腾的啊！

万事运转自有节律，孩子的家庭生活与幼儿园的节律合拍，熟门熟路，陌生感自然消除，在适应当中就少了许多障碍。

二、训练自理

会穿脱裤子，会穿脱鞋子。如果会擦屁屁，那就更好。会自己抱着碗吃饭，会自己拿着杯子喝水，万事大吉。别以为简单，能做到这些就解决了孩子适应陌生环境的头等大事。

首先，不太容易尿裤子了，湿淋淋地过日子好难过呢！

午睡能自己脱鞋穿鞋，省了好多事！

靠人喂饭，总得挨着饿排队吧，老师有几只手，不用数我们都知道。

习惯了用奶嘴喝水，门牙容易坏掉不说，幼儿园可都是用小杯子喝水，不会用杯子，一喝就湿一胸脯！

这些事情，如果孩子都能搞定，他对陌生环境的恐惧就会大大减轻，不就是"生活"两个字吗？搞定生活，在哪都能落地生根。无论是将来进入高中、大学的住校生活，或是远赴异国他乡的独立打拼，还是将来成家过日子，"生活"没问题的话，其他都是小事。我们可以细想想，是不是这个道理？

孩子越大，家长越关注学业，就是没想明白，生活大过天。孩子学得再好，拿不下一日三餐衣食住行，他们依然会在这些琐事面前一败涂地。

生活是最稀松平常的但又能操控一切的最高法旨。

三、语言求助

吃不饱要添饭，渴了要喝水，遇到其他困难要求助。孩子不用自己这张小嘴，还指着眉来眼去和老师传情达意啊？我见过的典型案例是吃鸡蛋的时候，别的孩子狼吞虎咽，一个孩子迟迟不动，一问，才知道他不知道鸡蛋该怎么吃。奇怪吗？这孩子就没见过长着壳的鸡蛋，人家吃的从来都是剥了壳的嫩白嫩白的鸡蛋！更麻烦的是，这孩子不会主动张嘴和别人交流。了解之下才知道，家中有位尽心尽力无微不至的好保姆，孩子一个眼神，保姆就心领神会，一切尽在不言中。想想，这样的生长环境出来的孩子，把人家放到一个没人明白自己心思的所在，该是有多憋屈多惆怅！反正那时我每次进去，那孩子都趴在桌上唉声叹气长吁短叹，才3岁啊，问君能有几多愁！

孩子们不敢向老师要求添饭，往往是因为感觉理不直气不壮，我是这样解决的："妈妈给幼儿园交了足够的钱，幼儿园为你准备了很多的饭。你吃不饱的时候向老师要，她一定会给你的，她那里有很多的。"

孩子们不敢向老师们要求添水，我是这样解决的："热水什么时候都有，妈妈和老师说好了的，你问老师要水喝，她会很高兴给你的。"

时间一长，孩子就习惯了，也就用不着再强调了。

解决孩子刚入园时哭闹的办法，就是执行"三不"政策——不讨论，不搭理，不黏缠。

出门前、回家后，不讨论幼儿园的所有事宜，别打听，也别劝慰。如果孩子扯到这里，你们就高高兴兴转换话题。总而言之家里气氛欢欣愉悦，大家互相交换各种乐事，就是不提"幼儿园"三个大字。日子不光要正常过，还要更开心地过。孩子心里会嘀咕：爹妈都没把这个当回事儿，看来真不是大事儿。

孩子唠叨哭泣自言自语都属于正常现象，你留神听着别出现恶性事件、邪恶人物就没事。把孩子搂在怀里，紧紧搂住，他爱说啥说啥，但只要有关"幼儿园"三个字，你就别接腔。只要提到"不去幼儿园"五个字，你就当瞬间失聪。总而言之，尽管拥抱，绝不接茬。

回家灌一杯水，晚上早早睡。早晨抓起来穿衣服，你们忙忙碌碌，快手快脚，爸爸上班妈妈上班，宝宝呢，不用说，反正彼此心知肚明。不要接任何话茬，表示你们忙碌中。小哭小闹也罢，又踢又打也罢，塞在老师手里，明明确确地道再见："我们下班一定来接你！"之后不要回头，快速离开。

越没指望，孩子哭闹的时间越短。

越是左一个叮嘱右一个安顿，孩子越觉得哭闹有盼头，就越哭个没完。"我家孩子可懂事了，我再陪会儿，再和他说清楚，他就好了。"越说孩子越腻歪，到最后分手的那一刻，整个人都不好了——合着你唠叨了半天，最后还是要甩下我啊！伤心绝望加气愤，这才闹成大事儿了。

入园衣物，带两条备用的裤子和两双袜子，就是为了尿裤子换的。

带一条小手绢。这就是基本装备。

鞋子别穿系带的，孩子搞不定。

裤子，背带裤就算了吧，孩子着急了怎么脱？小男孩的裤子开口处如果是拉链的就千万不要了，一旦发生意外是要命的！最合适的就是腰里系松紧带的，好脱好穿又安全。

上衣尽量别带帽子，帽子上尤其不要带小绳子，被别人从后面揪住或者玩滑梯什么的被卡住，后果不堪设想。

小女孩头上尖锐的饰品一概不要了，那些多余的东西能不戴就不戴。

任何零食和玩具都严禁携带！严禁！卡在喉咙里、扎在眼睛里、塞在鼻孔里，谁能负得了这个责！

安全第一！漂不漂亮高不高档，没人看，谁都不会看！保证！人家小孩子最不势利眼啦！看人高低的都是大人。

回首往事

妈妈：

现在喜欢讲道理的爸爸妈妈好像是越来越多了。所以，雄辩的孩子也越来越多了。上幼儿园，孩子和大人面对的其实是如何分离的问题，关键是大人需要做好自己的心理建设。大人情绪稳定，态度坚定，孩子就会接收到这一点。

大人明明心慌意乱，却又用讲道理来掩饰这样的感受。孩子呢，一边痛哭流涕，一边振振有词，说得大人哑口无言。

大家都在用讲道理隔离自己的真实情感。

上幼儿园究竟学什么？

最起码的一点，上幼儿园不是为了"学习"。我们惯常理解的正襟危坐的学习，不是幼儿园这个阶段最适宜的学习方式。幼儿园的学习自有它的定义和内涵。

上幼儿园首先是为了和人打交道。幼儿园能提供孩子在家里接触不到的人，同龄的、异龄的小朋友，更有权威人物——老师。和这些人打交道的过程，是一个孩子社会化的开始。也就是说，孩子从这个时候开始，就在逐步成为真正意义上的社会人。

怎么和陌生人交往，怎么融入一个群体，怎么适应一个环境，怎么找到自己在同伴群体中的位置，怎么学习和权威人士交往，这些看起来非常高深的学问，就是在幼儿园阶段需要开始的重要学习。

和陌生人的交往中，孩子是主动还是被动？

他以怎样的方式融入一个群体？还是很难融入？

他适应陌生环境的时间有多长？需要克服的最主要的问题是哪些？

他在同伴群体中是追随者、调停者、谋士、领袖，还是别的什么形象？

和权威人物（老师）的交往中，孩子能否做到表达自己的诉求？能否处理来自权威的压力？能否化解一些不公正不公平的待遇带来的情

绪？能否和权威建立一种比较正向的关系？

以上这些问题，才是我们送孩子上幼儿园需要首先关注的"学习"。老人说的"3岁看大，7岁看老"是有道理的，这个时候孩子的人际交往互动模式，往往是他们未来社会交往的雏形。

除此之外，对自我的认识，对周围人与环境的认识，对家庭与社会生活的认识等，这些内容合起来在幼儿园叫作对社会领域的学习。以此类推，还有健康领域、艺术领域、科学领域、语言领域的学习，我们统称五大领域的学习。

把各个领域的发展目标给大家摘录一下：

一、健康

1. 身体健康，在集体生活中情绪安定、愉快；

2. 生活、卫生习惯良好，有基本的生活自理能力；

3. 知道必要的安全保健常识，学习保护自己；

4. 喜欢参加体育活动，动作协调、灵活。

二、语言

1. 乐意与人交谈，讲话有礼貌；

2. 注意倾听对方讲话，能理解日常用语；

3. 能清楚地说出自己想说的事；

4. 喜欢听故事、看图书，阅读有关的汉字；

5. 能听懂和会说普通话。

三、社会

1. 能主动地参与各项活动，有自信心；

2. 乐意与人交往，学习互助、合作和分享，有同情心；

3. 理解并遵守日常生活中基本的社会行为规则；

4. 能努力做好力所能及的事，不怕困难，有初步的责任感；

5. 爱父母长辈、老师和同伴，爱集体、爱家乡、爱祖国。

四、科学

1. 对周围的事物以及现象感兴趣，有好奇心和求知欲；

2. 能运用各种感官，动手动脑，探究问题；

3. 能用适当的方式表达、交流探索的过程和结果；

4. 能从生活和游戏中感受事物的数量关系并体验到数学的重要和有趣；

5. 爱护动植物，关心周围环境，亲近大自然，珍惜自然资源，有初步的环保意识。

五、艺术

1. 能初步感受并喜欢环境、生活和艺术中的美；

2. 喜欢参加艺术活动，并能大胆地表现自己的情感和体验；

3. 能用自己喜欢的方式进行艺术表现活动。

★ 请参阅教育部《3—6 岁儿童学习与发展指南》。

所有这些领域的学习途径与学校不同的是，主要是以游戏和生活的形式完成的。以游戏为基本学习形式和途径，以生活促进幼儿发展。著名教育家陈鹤琴先生认为，"儿童的一饮一食，对一草一木的接触，灿烂的玩具用品"以至于"餐点"和"静息"都是幼儿园的课程。幼儿园的教育做得好不好，不是一节课一个活动做得好不好，而是孩子一日生活的质量好不好。

高质量的幼儿教育是寓教育于一日生活的各项活动之中的。基本活

我们送孩子上幼儿园的目的，
就是让他们畅快地、多方面地、
高质量地玩和生活。

动指的是：在一日生活中除满足基本生存需要的活动（吃、喝、睡）之外，发生次数和所占时间最多的活动；对儿童的生活或生长发展有重要影响的活动。对于这个阶段的孩子来说，那就是游戏。

游戏是有别于学校教育、真正符合孩子特定年龄及身心需要的学习。我们送孩子上幼儿园的目的，就是让他们畅快地、多方面地、高质量地玩和生活。他们玩了健康、玩了语言、玩了艺术、玩了科学、玩了社会。在不同的游戏体验中，他们的身心得到了成长，与他人互动的积极性以及相应能力的建构都得到了发展，这就算是完成了幼儿园这一阶段的学习。

人生的各个阶段都有它特定的主流任务，这个主流任务的很好完成，代表着人生这个阶段的发展顺遂。成年人的主流任务是工作，学生的主流任务是学习，幼儿的主流任务就是游戏。玩得畅快和高级，对将来的发展就会有良好的影响。

不管什么流派或理念的幼教理论，如果违背了这个基本原则，就是违背了孩子身心成长的规律。当然，现在各种教育形态满天飞，乱花渐欲迷人眼，但万变不离其宗，玩，是幼儿阶段的第一任务。

在幼儿阶段，孩子开始要摆弄着学，之后要看到实物和画面学，当然，从始至终都要落在体验上去学。要身体动起来，嘴巴说出来，情绪调出来，孩子才能学进去，要是只能干巴巴地坐着听、使劲想，孩子的心思早飞到十万八千里之外了。到了幼小衔接阶段，幼儿园会有意识地注重对孩子课上常规、坐姿、握笔姿势的培养，还有初步的运算基础和对于汉字的认读。但是，这些只是为了上小学所做的准备和衔接，绝不是超前学习和替代学习。

如果从上幼儿园开始，就一本正经地认字、学拼音、算算术、背单词，那真是把孩子给坑了。孩子尚处在具体形象思维占主导地位的时期，家长却非要让抽象逻辑思维早早登场。孩子还没学会翻身，就让人家走路，丢了西瓜捡芝麻。所有的本末倒置、次序颠倒，都是要付出代价的，该玩的时候不会玩，该学的时候就不爱学。如果这个时候就开始一本正经地上学，难不成让孩子上学后天天在课堂上玩个不停？

在著名的格赛尔双生子爬梯实验中，让双胞胎中的一个早早学习爬楼梯，另一个到了该爬的时候自然去爬楼梯，结果早学的那一个非但没占了优势，还落了后，起个大早赶了个晚集。

火候未到，再忙活也是耽误工夫，还落个得不偿失，我们总不希望孩子早早就厌学吧。

回首往事

妈妈：

从理论以及现实操作的层面上说，教孩子什么，孩子都能学会。于是父母就觉得，孩子就像一座矿，只要挖，就能挖出东西来，这是一座宝藏，不开掘可惜了，恨不得掏干挖尽。结果，孩子越学越多，越来越停不下来。

问题是，人这辈子要学的东西多了去了，都要在小的时候一股脑学完吗？长大了干什么？混吃等死吗？矿，也是有矿脉的。狂挖滥采，挖断了矿脉，再有先进设备也无法开采了。留得青山在，不愁没柴烧。砍柴还分季节，不让林子休养生息，哪能长出柴来。

还是那句老话，大人顶不住的竞争压力，就都要转嫁到孩子的身上来吗？

孩子被欺负了怎么办?

说到"欺负"两个字,所有的爸爸妈妈都敏感。与欺负别人相比,被人欺负那是更让爸妈难过的。似乎做强权者,大家心里没什么愧疚,或许还有隐隐的骄傲,可一旦沦为弱势群体,就千般不愿万般委屈。

强权其实也危险,爬得越高的猴子屁股露得越多,不干净或者最脆弱的地方也被人看得更清楚,往往一击致命、溃不成军。就算是教父科莱昂,也有接踵而来的更大危险在不知名的地方悄悄窥视着他。在某个范围内的强权,不意味着是所有范围里的强权,在某个阶段的强权,不意味着是所有阶段里的强权。所谓强中自有强中手,一旦失败,几近灭顶,连翻盘的胜算都很小。项羽的教训,千古之下仍是惊心。尚且不论这种强权覆灭对他人造成的伤害。

从人性上讲,人们总是习惯同情弱者的,一旦发生争执,人们总是把矛头直指强势的一方。所以,别助长孩子不知天高地厚的霸王心态,别以为靠着"厉害"就能走遍天下,长此以往,会强化孩子反社会的人格,全家受害的惨剧难以避免。千万不要默认孩子向别人挥拳的举动,拳头伸向第一个人,就会伸向第二个人。伤害别人多重,反弹就会有多疼。

以上说的是欺负，孩子被欺负是父母更为担心的事。

来看一下大猫的囧事。大猫在院子里刨坑的时候似乎没有发生被欺负的事情，也许是姥姥凶猛？说不准，不过大猫长得倒是与瘦弱无关。

等大猫上幼儿园了，有天回来："妈妈，某某某打我！"纯属偶发吧？表达爱意吧？我没怎么当事。之后又回来说："妈妈，某某某打我！"好家伙，有再一还有再二再三！你打人家了吗？没有！你骂人家了吗？没有！这应该是真的，大猫的确不会骂人。

在不能确定对方的动机究竟是爱还是恨的前提下，我决定先以保护咱自己为上策。以牙还牙，以眼还眼？不妥。你能保证自己的牙比对方硬还是眼比对方大？况且，动手没轻没重，伤着别人也不是好事。

再者，一般挨打的孩子很难还手，对方都是吃准了这点才来找碴的。我们要考虑的是，尽量不要让孩子形成固定的受气包形象，戴上这顶帽子，苍蝇闻着味就来了，欺软怕硬，孩子也一样。

好好琢磨了下，这个时候和孩子讨论显得有些假模假式，人家就是没办法了才来找你求助的！在拼体力非常冒险、不能保证胜利、有可能造成伤害，而且孩子也真的难以出手的情况下，再加上向老师告状不一定能获得及时帮助，或者不一定能引起老师重视的情况下，我决定传授给大猫两招。说到底，被欺负这种事情也不能总依赖老师插手。

一是"打得赢就打，打不赢就走"。其实放在这里，前半句基本不存在，重点在后半句——打不赢就走。我再解读一下，真正的意思是，一看到那个爱打人的孩子就不动声色地（不要打草惊蛇，不要露出慌张神色）先行走开，不给对方以可乘之机（靠近自己，或单独和自己在一起）。这样的做法，一般能够在很大程度上避免冲突，除非那家伙极其专一痴情。

二是"狭路相逢勇者胜"。当迎头相撞不可避免的时候，立刻挺胸、瞪眼、攥起拳头（可以再抖一抖，加上怒不可遏的情态），同时，冲过去，大喊（巨大无比的声音，狮子吼的意思）："你再敢动一下！"必要时重复一遍或者 N 遍！双方年龄越小越管用。咱这可不是欺凌弱小，各位千万莫要误会，这是正当防卫！切莫当作伤人利器！兔子急了还咬人，声势惊人总强过肢体对冲。

实践中，第一条还挺好的，第二条大猫直接笑死了！边笑边挤眉弄眼，边颤抖着声腔用细弱无比的气声娓娓道来："你，再敢，动，一下！哈哈哈！"纯粹成了滑稽戏。那个晚上再加上之后的几晚，我们的晚间时光就成了我和大猫彩排的时间。爸爸没有示范作用，本来就人高马大的，不用喊，那嗓门都直接吓死几个了，只有咱这样的弱小女子对于大猫才有直观的榜样作用。身边的榜样最有用，就是这个意思。成龙李连杰是威猛，可是八竿子也打不着，再怎么速成你也变不成释小龙。

我和大猫一遍一遍地气壮山河。然后，完了。谁知道人家用上没有，反正后来再没有听说那小子打她的事儿了，反正就这么结束了。

事后，经过我和大猫精心的研究，对付这样的事情还可以有如下办法：

1. 人多力量大。和朋友结盟（当然，朋友不见得要出手，而是我方人越多，敌方就越孤立，被团体排挤的滋味可是不好受的。强大的舆论很有力量）；

2. 向亲人和老师求助。人总有局限，小孩子的力量毕竟有限，在受到欺凌的时候，必须要寻得正义有力的外援；

3. 让自己厉害起来。这个厉害不单单指的是字面上的意思，自尊和自信的孩子，遇到问题有比较强的解决能力的孩子，性格开朗人际关系

比较好的孩子，一般很少成为被欺凌的对象。

不过，有很多时候也是我们做大人的神经兮兮，总担心孩子被人欺负，其实有时只是孩子们不会表达爱意，用力过猛了。我亲眼见过的就有一桩：一个小班的小男孩，把一个小女孩的脸上"啃"得到处开花，那是真亲！也是真心受不了啊！爱，也会造成伤害，放在这里，千真万确。有这种苗头的，爸妈回去赶紧教一教，怎么向别人"示爱"，或者，怎么拒绝别人这样的"示爱"，别不问青红皂白就恨铁不成钢或者抡拳相向。

孩子之间的磕磕绊绊，就像我们大人之间的不打不相识，孩子们往往越打越亲，当然，不是故意伤害的那种。在"掐架"的过程中，孩子们会逐渐找到自己的边界和控制，慢慢学会不伤害别人，慢慢学会保护自己。孩子们的"壳"就是这样磨来磨去才长出来的，吃一堑长一智。就像我们和同事、朋友、陌生人之间的交道，越是习惯行走江湖，历练老辣的，越能举重若轻，越是蹲在屋子里不见天日的，越是手足无措，犯浑冒泡。

同理，如果我们因噎废食，因为怕打架就剥夺了孩子长"壳"的机会，孩子要么很容易变成软体动物，不懂得用什么保护自己；要么没边没界，一闯祸就收拾不住。

不吃亏长不大，得点小病，免了大病。

回首往事

妈妈：

校园欺凌，在幼儿园还是相对较少的，所以我用的是"欺负"这个词。幼儿园阶段的孩子体力能力有限，主观故意的也少见，但是不能不引起重视。前文说的是孩子的层面，学校和幼儿园层面的责任，另作讨论。

在这里，更想从家庭层面讨论一下。

父母给孩子的勇气和力量是不是足够，给孩子的支持和保护是不是足够，给孩子的信心和自尊是不是足够。对孩子的情绪的体察是不是敏感，对孩子的真实的苦痛能不能感同身受，对孩子的需要能不能及时回应。

看看后面孩子的心里话，大人的人情世故，大人的处事原则，大人的自以为是，真是荒唐和冷血。要知道，孩子一遍遍说的话都是真的，可我们要么听不到，要么听到了也不当回事。

当时觉得自己算是个领导，不应该干涉班里老师的处理，不要搞特权，不要以势压人，可是怎么连起码的安慰和同情都不给孩子呢？在孩子面前，你只是个妈妈啊。罚站在大人眼里也许不是事儿，做错了应该承担后果，可被罚站的那一刻，孩子的委屈是真的啊。被老师"报复"出气，痛的是孩子，妈妈做的是顾全大局。顾全大局没有错，可是缺少了对孩子的安抚和保护，孩子受到的伤害也是真的。

妈妈错了。

对不起！

孩子：

妈妈总是希望我自己面对和解决问题，可有时候，我仅仅是希望他们能在我背后撑腰，她总是孜孜不倦地给我支招，她不知道有些欺负人的孩子只要家长对他凶一下，他们立马就怂了再也不敢惹事，可她总要我一个人去面对。

有一次，我在幼儿园教室里乱跑，被老师叫出去罚站，那是我人生第一次被罚站，我在过道里站着，妈妈这时候刚好经过，她问我为什么站出来了，我说横冲直撞乱跑来着，她什么都没说，做了做怪表情就悄悄离开了。本来不委屈的我突然就觉得很难过，为什么妈妈她明明可以保护我却要掉头走掉呢？我不想管什么道理，她看见我孤零零站在那里，然后又走掉，这就是我所感受到的，我多希望她能帮帮我呀，哪怕只是给我擦擦眼泪也行，哪怕抱抱我也行。

还有一次，因为上幼儿园的小小的我不懂人情世故，一个老师在背后说一个副园长的坏话，被我听到了，我就好心地告诉了那位副园长，不知道怎么回事，老师知道是我说出来的，在午休的时候把我拉出来，狠狠地踹了我几脚，当时疼得想落泪，小小的我根本不知道哪里做错了，用袖子擦擦眼泪就告诉了妈妈。可是妈妈对那位女老师什么都没有做，第二天她们还热情和气地打招呼，可她踹的那几脚我却一直耿耿于怀。最能给我撑腰的人，却在向伤害我的人问好。我没有办法，只能继续唱她教的歌曲，生活只能这样继续，好像所有人都忘记了，可我还记得。

妈妈书里写的那些方法，遇到真正的伤害时，一点用处都没有。家长需要为孩子适当地出头，有些事情真的不是他们通过那些所谓的妙招就能解决的，需要让那些伤害别人的人知道会有惩罚。当然不是要事事出头，但是要相信孩子说的话，那些情绪，那些因为不会表达而受过的真实的伤害。

小学是培养
能力小达人的起始期

关于上小学这件事，我们也是民主加集中的选择。先带大猫去附近几所学校转转，看看大猫自己的观感和想法，然后再看看来自多方的反馈。当然，离家近是必要前提，孩子上下学的路途交通要足够便捷，和父母接触的时间尽可能地多，而不是全耗在路上和外面。

再者，我们不想租房子，不想因为上学而改变所有的生态环境和一家人的生活轨迹，又适应学校又适应居所，而且总是住在别人家里的感觉，大人都不容易很快适应，何况孩子？

上学不是很自然的人生阶段吗？搞得兴师动众，无形当中也是一种对父母和孩子双方的压力。为了上这所学校费这么大劲，你还不好好学习？这种质问的产生往往因此而来，多半都源自父母对于上小学这件事的过高期许。小学阶段是孩子仍旧以成人的评价为主导的阶段，所以，一所有良好的教师团体也就是良好教风的学校就足够了。

初中开始，孩子们逐渐注重同伴关系，同伴的影响力迅速攀升，所以才真正需要有一个良好学风的学校了。

孩子成长的每个阶段特性不同，所以选择的重点也不同。父母们没必要懵懵懂懂就冲着名校的名头去。尤其在小学阶段，教师的亲和力、适当的班级容量更为重要。亲其师，信其道，小学阶段的孩子尤其如此。一个严厉的高水平的教师和一个亲和的耐心的教师之间，孩子一定会选择后者，并且后者对孩子学习的正向的影响会远远超过前者。小孩子不看老师有没有能力，只看老师好不好。让孩子爱上老师，爱上学校，也就爱上了学习。越高学段的孩子，才越注重老师的肚里有没有货，即便这样，老师的人品、性格仍然永远是孩子们看重的要点。

话说回来，小学阶段的学习真没有我们想象得那么重要，我说这句话，小学老师可能要吐槽我。只是，当我们从另外一个角度审视"学习"这两个字的时候，可能会发现有的时候我们高估了"学习"这个词，有的时候我们又狭隘了"学习"这个词。

小学阶段要学习的三种能耐

一是基本功。拼音过关、笔画笔顺过关、数学运算过关，再加上一笔好字，英语多听，建立基本的语感，这些就是小学阶段所要掌握的知识点的基础了。请注意，我说的是基础，其他所有的知识点只是在这些之上的累加。终有一天你会发现，学习无上限，要让孩子往多里学，那是没有边际的多，往好里学，也是没有边际的好。好孩子太多了，一个个去比，累死孩子，也逼疯自己。

小学阶段，不偏科、不差（"差"指的是中下游水平，不包含中等水平，中等及以上就可以归到好的类别中），就已经达成良好的学习状态了。最好别偏科，不偏科，意味着没有哪一门使劲往下拉分，也就意味着有余力发展优势学科，而不用把功夫浪费在补差又补差上面。

二是态度。参照埃里克森的理论，学龄期（6至12岁），最主要的命题是勤奋和自卑的冲突。如果孩子能顺利地完成课程学习，就会获得勤奋感，使他们在今后的独立生活中和承担工作任务时充满信心。当孩子的勤奋感大于自卑感时，他们就会获得"有能力"的品质。

小学阶段最重要的是让孩子有机会发展自己的勤奋感，并且鼓励孩子的这种勤奋感。这不是逼着孩子去勤奋，在达不到父母所期望的理想状态时，就批评打击孩子的勤奋。在学习以外，鼓励孩子与周围的人进行良好的社会交往，使他们相信自己是有能力的、聪明的，很多事情都能做得很好的，对自己抱有一种自信——我努力，我可以。

给孩子空间，他们会积极探索自己，这个阶段的孩子就像小苗出土，东撞西撞，气力大得不得了，不让他们发展都不行。可是如果反过来，大人把所有的时间空间，甚至思想情趣都填得满满的，孩子就不干了，也懒得干了。

大人越是在意什么，就越要在这件事上退后，留出空间，否则，这件事会成为大人和孩子之间最大的矛盾焦点，孩子也会在这件事上和你纠缠对抗到底。如果你越在意孩子的学习，就越不要在这件事上和孩子死磕。

换一个角度讲，如果孩子过分看重自己的工作，对其他方面毫不在意，结果也是可悲的。埃里克森说："如果他把工作当成他唯一的任务，把做什么工作看成是唯一的价值标准，那他就可能成为自己的工作技能以及老板们最驯服、最无思想的奴隶。"

小学阶段不仅是学业的起始阶段，更是发展多方面兴趣的最佳时期，比如体育锻炼，这时候打下的良好身体基础会使孩子受益终生；比如对万事万物的好奇与探索；比如对家务劳动、集体劳动的积极与热情；再比如对艺术的热爱与敏感。我们的积极鼓励与陪伴，会让孩子获得更大的帮助，从而满足孩子多方面发展的热望，其他方面的自信还会有效提升孩子在学习上的自信。孩子在这个阶段自发的对生活的热情、努力与主动，是一生都难以再遇到的。在这个阶段对孩子的打压与束缚，所造成的伤害通常都是难以挽回的。

小学阶段如果就逼着孩子完成学习这一件事，将来他们最痛恨的可能就会是学习这一件事。我想，这是哪个父母都不愿意看到的。早早把孩子逼向所谓的学业成功，人为地给孩子制造紧张和压力，孩子不但容易失去对学习本身的乐趣，还会试图逃避有挑战性的任务，过分在意成绩，不愿深入思考，害怕暴露自己的不足以及由此导致的不合群、妒忌等不良的人际关系，并为之付出很高的心理代价。

勤奋，就让他勤奋；发展，就让他发展。让孩子喜欢上学，喜欢学习，就是成功的小学教育。这个积极的态度，会使得后来的求学之路走得顺畅。孩子真正从学习本身获得喜悦和快乐时，会自发主动地学习，在小学阶段就厌恶了学习，后面艰苦的求学之路更是会难上加难。

三是能力。关于这方面，我认为有三种能力可能相对重要。

首先是阅读能力。阅读的重要性在前面已经提到过，阅读直接对应的就是理解。孩子的阅读能力越强，理解能力就越强。理解能力无论对小学还是后面的学习，无论学习文科还是理科，都起着至关重要的作用。理解能力强的孩子，理解要点、判别题意的能力就没什么问题。所以，与其花时间重复课本上有限的知识点，不如把时间花在课外阅读上。从阅读的时间上来讲，小学阶段也是最有富裕时间的，到了初高中，课业负担加重，想读书都难有时间了。

其次是思考的能力。小学阶段的知识点比较零碎、粗浅，越是这样，越要注意从整体的、系统的角度来把握。归类的能力很重要，变通的能力同样重要。被人们热炒的奥数其实就是对于各种题型的类别化学习，一经归类，孩子的思维就清晰而有条理，类别与类别之间的相互比较和印照，让孩子能从更加整体的角度把握问题，数形结合、分类讨论，孩子就学得更通透。

变通就是对于知识与题型的变式，很多孩子一听就懂，一做就错，根本原因是不会变通。就像三角形的学习，按角度分，有锐角三角形、直角三角形、钝角三角形、正三角形；按边长分，有等腰三角形、不等边三角形。一个公式、一种题型的多种变化，就是考察孩子的变通能力。

第三，参与能力。无论是学习、锻炼、主题研究、文娱活动，还是集体生活、社会实践，孩子的积极参与和亲身实践就是一种重要的能力。参与的方式、参与的程度都是对孩子适应群体、适应未来社会生活的锻炼和考量。这种真实情景中的实践类学习，对于孩子的终身发展来说，是更为有效的学习方式。能够主动参与其中，并且能够应对挑战和挫折，这种亲力亲为的体验是课本上永远学不到的，但又是孩子成长所必需的。动手也罢，动脑也罢，都是对孩子解决真实问题的能力的提升。毕竟，我们最终要面对的是走出象牙塔之后的真实生活，要让孩子有机会出席并见证自己的种种成长。

书本面前的巨人，生活面前的侏儒，也是这个时代特有的畸形产物。冰冻三尺非一日之寒，那个侏儒可不是一日造就的。培养有能力承担社会责任并饱有善意的儿童，于国，于家，于个人，善莫大焉。

爸爸妈妈的焦虑其实总在"一"上面打转转：一个标准，一种出路。其实孩子有"一百"个标准，个个不同，道路更是有"一千"，条条大路通罗马。老天爷生了他，总有一碗饭留给他。

天不生无用之人，地不长无名之草。我们所能帮助孩子的，就是帮他们找到那个适合自己生长的"坑儿"。

孩子

是由一百种组成的

孩子有

一百种语言

一百双手

一百个想法

一百种思考、游戏、说话的方式

一百种倾听、惊奇、爱的方式

一百种歌唱与了解的喜悦

一百种世界

等着孩子们去发掘

一百种世界

等着孩子们去创造

一百种世界

等着孩子们去梦想

——马拉古兹

回首往事

孩子：

　　说起我的小学阶段，在学校的快乐时光很大程度仰仗于那时正是网络时代发展的初期。这意味着什么呢？老师的意志基本靠我们的嘴来传达，家里的世界和学校的生活有着令人放松的隔阂。想想那时真是惬意啊，不用时时在线，不用时时分享，我们说啥就是啥，尤其再碰上一个懒得和老师维护关系的家长（这里特指我妈），生活实在是无忧无虑呀。

　　小孩子过滤信息的能力真是太强了，能恰到好处地把需要家长知道的信息传达出去，那些不需要的就自动过滤。在没有微信、没有QQ的时代，我们不也开心而且一点都不落地活过来了吗？而现在家长、老师还有孩子们都生活在微信不定时轰炸的不安之下，大家一起营造了过分焦虑和紧张的环境，每个人都不开心。可是，上学的原本面貌就是这样吗？简而言之，我的小学时代就是我开始自主筛选信息的开始，怎样做一个桥梁，不也是成长的开始吗？

作业大战怎样才能消停？

上学适应期

大家总是爱急急忙忙地"提前"，人口大国，资源有限，什么都需要往前面赶，先到先得，稍不留神就落后，落后就要挨打。

"提前"本身没错处，凡事先行一步没什么不好，但如果放在上幼儿园或者上学这些事情上面，它可真的不是个好词儿。孩子出生时日短浅，一天和一天的发展就有鲜明的不同。不像大人，越长越慢，放到后来，差个三五年的根本不是个事儿，孩子可是差一天都不行的。所以，提早上幼儿园的，孩子哭闹的程度就比适龄的孩子更严重，生活自理能力也差距明显。提前上小学的，问题就更多。

这是我前不久做的一个调查，请大家看看这些来自一年级老师反馈的孩子们的常见问题：

上学迟到；

上课期间上厕所的学生多；

上课注意力集中时间较短，不会听讲；

听课习惯不好，不懂得学习；

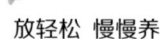

上课小动作多，坐不住，爱动爱说话；

作业完不成，或者质量差；

动手能力弱，不会收拾自己的学具，不会系红领巾、系鞋带；

不讲卫生；

不会打扫卫生，劳动能力弱；

自我保护能力弱；

不会保持环境卫生，乱丢垃圾、纸屑；

吃零食；

依赖性强。

以上是存在于一年级小学生中的共性问题，并且，年龄不够的孩子，问题更加突出。这些问题很多都属于孩子发展中的问题，意思就是说随着年龄的增长和生理心理的成熟，很多问题就不是问题了。比如，年龄小的孩子手部小肌肉没发育好，协调能力就差，写作业自然就慢、吃力，大人再折腾他，他也写不快，但是等年龄大一些，书写速度自然就上来了。所以我们主张这个阶段的孩子对于汉字的学习目标是要多认，少写。可是早早让孩子上了学，写作业就是必须要完成的功课了，这一关总也过不去，就会挫伤孩子学习的积极性，等折腾得差不多了，这一年也就过去了。花了一年的代价折腾这些基础工作，耽误了正经学习，还打击了孩子对学习的热情，劳民伤财，还不如让孩子在幼儿园好好玩一年呢！

还有，现在家长们都急着让孩子上学前班，总觉得上了学前班之后再上小学就没什么问题了。非也非也，这个推论正如之前所说，学校教育不能等同于教育，早教班不能等同于早期教育一样，上学前班不等于完成了幼小衔接的任务。

　　眼下的学前班大多注重的是知识学习，什么拼音、计算之类，对于学习习惯的重视程度普遍不够。这也赖家长们，天天逼问孩子"今天学啥啦？"学前班紧着去完成这些任务了，其他方面的关注自然比较少。而这些被家长和学前班忽略了的事情，恰恰是最重要的入学基础。

　　比如，听课习惯、上课常规、坐姿、握笔姿势、自理能力等，参见上述的调查结果。学得多不多不重要，会不会学才重要。这个观点，相信小学老师一定赞同。学得多少不着急，六年时光呢，慢慢学呗！不会学可是根本性的问题，就像水壶漏水，灌进去多少也留不住。

　　大猫没有上过学前班。我认为重复学习是一种浪费，学前班学了一遍，上学再学一遍，孩子哪还有耐心坐得住？况且，孩子一旦对学习有了轻慢之心，认为自己学过并且都会了，就不愿意再学了。恰恰是这种不愿意再学，误人匪浅，因为小学老师教的和学前班教的，根本是两码事！

　　对知识一知半解地吞下去，不求甚解、不精准，是学习的大忌。不会，孩子才学得更认真、更虔诚。

　　于是，大猫高高兴兴在幼儿园玩了一年，直接上了小学。刚开始，跟不上，人家都学过的，大猫没学过。第一个学期，水深火热，计算、拼音、汉字，大猫自己都着急，哭；第二个学期，逐渐拉平；第二年，大家都一样了。

　　由难到易，不是很自然的过程吗？总比一开始什么都会，结果迷迷糊糊傻高兴，一不留神才发现掉了队强吧？这个规律，在大猫上初中、上高中的第一个学期，我都发现了，这就是适应，学段衔接之间的必然。提前学习对这些适应没什么根本性的帮助，也许还拉后腿。

　　适应过程中的磕磕绊绊是难免的，也是必要的。往前就像孩子的入园焦虑期，往后就像我们从学校毕业进入职场，就像我们告别单身走入婚姻，每个阶段都有一个适应和磨合的过程，每一个适应都是对人们能力的提升。所以，不要把适应看得多么严重，也别在这方面花费超乎寻常的心力，没准你还没适应好呢，人家孩子已经笑呵呵地该干吗干吗了。

作业大战

学习是孩子的事情，焦虑的却总是大人。就像我和大猫那个时候的争战焦点就是作业。隔壁那户人家在很长一段时间里，一直都以为我们家养的是个儿子。大猫出门头上扣顶小黄帽，进门嗷嗷吼，就给人家造成了这样的印象。

上了一年级，大猫不写作业，就不写，我们每天因为作业的事儿打架。爸爸吼、妈妈叫、大猫哭，哭也不写，边哭还边跳起来冲我们怒吼。折腾到三更半夜，全家人的眼睛都睁不开了，作业也写不完，或者写着写着没动静了，我们过去一看，人家直接安排自己呼呼大睡了，怎么叫都不理，纯属耍赖啊！

我就怒了，严正声明：晚上写不完作业，我就不给你签字。早晨？休想！绝对不给你签字！然后接下来的每天早晨，大猫就是大哭大喊不出门，因为她晚上没写完，早晨爬起来匆匆忙忙找我签字，我坚决不干。爸爸心疼闺女，一看孩子晚上作业没写完，早晨早早开灯催孩子起床。好家伙！一开灯就哭："晃眼了！晃眼了！"撒泼耍赖啊！我真是怒从心头起，恶向胆边生！别说保证质量了，这连交活儿都做不到啊！

于是，大猫从出生以来最严重的一次动手事件就在这个时候发生了。当她再一次跳起来冲我怒吼："就不写！就不写！"的时候，我朝着她的脸给了一巴掌……

她瞬间呆了，我瞬间也呆了，时间仿佛瞬间静止，全家人都呆了。她绝对没想到一向嘻嘻哈哈的母亲会出此重手，我也没想到暴怒之下自己的杀伤力会这么强。她爹呢？别看平时嗓门大，看我俩斗争的时候还总是幸灾乐祸，可是动真格的时候，他那个慈母心肠比我多多了。回想起来，在那个时刻，夹在中间的他是最难办的了，他啥也没说，默默收拾战场，带着孩子出了门。出去后不知他是怎么安慰孩子的，之后也没有责怪过我。当天下学后，大猫又高高兴兴地回了家。

现在翻开那一堆"gěi mā mā dē zhǐ tiáo（给妈妈的纸条）"，很多都是那时关于写作业的各色忏悔和保证。问题是，那么多的忏悔和保证好像也没发挥什么作用。

有一天，大猫又在那里捣饬她那几条金鱼，用小鱼网捞了这个捞那个，她爸爸就忍不住说："你别总捞人家，那鱼活得好好儿的，你捞人家干吗！"大猫直接接了一句："那你们还总捞我呢！"

我顿时语塞！温尼科特的理论中有个著名的"假性自体"概念，孩子不能做真实的自己，只能按照妈妈的心意做妈妈想要他成为的那个人。当然，这个问题的根源在于早期养育中镜映的失败，母亲不能很好地觉察和满足孩子的需要。但另一个层面的理解就是，母亲对孩子的侵扰和介入过多，不断地打扰和干预孩子的安静和专注，使得孩子难以发展出完整的自我。

捞得太多，鱼会死；捞得太多，孩子也凌乱了。

又有一次，我俩苦口婆心和人家做工作："大猫，说到底，学习就是你自己的事儿，你学得好不好，和我们没什么关系。"大猫就说了："你

我们常常对孩子说"你要……"对孩子提要求，
却从来没有听孩子对我们说"你们要……"
对我们提出要求。听听孩子对我们的要求，
最低限度，听听孩子的"我需要……"。

们都说了是我自个儿的事儿，你们干吗老管我？"大猫说的句句在理，想想，我们还真是多余地操心。反正，后来有一段，我们就懒得搭理她了。结果，就没那么磕磕碰碰了。

之后我拿出大猫的作业一研究，唉！的确是多。可见，没有调查就没有发言权。接下来有几次，我就主动拦截了大猫的作业，一看纯属耗费人力耗费时间的内容，我就不让她写了，我主动厚着脸皮接受老师的批评。

关于作业的争战就此偃旗息鼓了。

时至今日，我再回头访问大猫，大猫就说："一看作业那么多，就发愁。越发愁，就越不想写。"并且依旧坚持："那么小的小孩儿就不应该写作业！"作为父母对孩子学习的关注，真的是要考量一下孩子学习的任务量问题。适量，孩子就有干劲；过量，孩子愁得直接就撂挑子了，哪还有心思学习。就像我们所说的压力，适度的压力促人成长，压力过大，焦虑、抑郁就全都来了。小孩子也是人啊！

给孩子空间，给孩子弹性，弦绷得太紧一定会断。说句不太正面的话，即使学校或者老师给孩子 100% 的学习份额，作为父母，也要想方设法给孩子"偷"点空间出来，可不能再雪上加霜了。

汪曾祺先生的父亲本事多多，尚且不谋划着把满身能耐统统传给儿子，咱们就是平凡老百姓，又有什么资格要求孩子变超人？我们自己一穷二白，凭什么逼着孩子白手起家？

我们常常对孩子说"你要……"对孩子提要求，却从来没有听孩子对我们说"你们要……"对我们提出要求。听听孩子对我们的要求，最低限度，听听孩子的"我需要……"听听孩子们的心声，时不时做做访问，他们到底需要什么，到底需要我们给予什么样的帮助。古时那么专

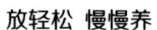
制的皇帝还要微服私访呢，体察民情，总是没有错的。

很多时候，我们总是不回身"捞"自己，有事没事就爱瞎"捞"孩子。

回首往事

妈妈：

没有一个适应是容易的，但这是必须经历的阶段，逃避了这个阶段，问题会带入下个阶段，雪球越滚越大。遇到什么就解决什么好了，别想着完美着陆，哪有没有问题的人生呢。

关于"拖延"这件事，有个问题要拎清，责任主体以及后果的承担者究竟是孩子还是大人。大人越急，孩子越慢。大人越挺身而出，孩子越退避三舍。

孩子：

不瞒各位，我真的是有很严重的拖延症。什么时候养成的呢？大约是小学。爸爸妈妈指望我自觉做作业，那不可能嘛，动画片不好看还是院子里不好玩，完全没有做作业的理由。

我在磨洋工的时候，他们在开心地看电视，此时的我，心和他们相连，毕竟还是亲生骨肉，即使听听电视的声音也是满足。所以，他们两个把这种习惯养成的责任全都压在我的身上，然后我没有完成，他们就来责怪我，完全是看热闹的心态。

所以说，小孩子一开始真的是要监督的，即使不陪读，也要时刻盯着点，别拜托"自觉"这个东西，靠不住！

让孩子说孩子话，
别让童年过早消亡

　　和家庭教育沾边的理论书、实践书，也不知道看了多少，但最让我印象深刻，引起很深触动的，偏偏是这个圈子外的一篇文章。

　　"跨界"真是一个好词，圈子以内的人们絮絮叨叨了多久的命题，往往被圈子以外的人一语道破。不识庐山真面目，只缘身在此山中。在孩子的教育上，"备胎"一直是我强力推崇的词汇，这不仅仅意味着孩子在危急时刻能靠着其他功夫活下去，还可以让他们的人生游刃有余，闲适自得，更能开眼张目，以其他领域的眼界与知识，丰富对主干专业的认知，获得更大的开悟与提升。世界顶尖的科学家往往和艺术情深意浓，大文豪鲁迅的出身也是医学背景，所以，文理兼备是做学问最高的境界。

　　返回来再说那篇文章，就是汪曾祺先生的《多年父子成兄弟》。文中全是生活中的碎碎点点，延续了老先生一贯的轻松恬淡的风格，没有正经话大道理，却活脱脱地让人窥见了儿童教育、亲子关系的真意。

　　这个父亲的能耐真是少有：

　　"他是画家，会刻图章，画写意花卉。图章初宗浙派，中年后治汉印。他会摆弄各种乐器，弹琵琶，拉胡琴，笙箫管笛，无一不通。"

　　"胡琴码子都是他自己刻的。养蟋蟀，养金铃子。"

妻子死后，他亲手给她做了几箱子冥衣，按照妻子生前的喜好，选购了各种花素色纸做衣料，单夹皮棉，四时不缺。他做的皮衣能分得出小麦穗、羊羔，灰鼠、狐肷。

但就是这么一个能耐人，却是个很随和的"孩子头"，带孩子们用胡琴弦放风筝，用钻石刀把玻璃裁成不同形状的小块，做各种小玩意，还做各种灯给孩子们玩，什么重瓣荷花灯什么西瓜灯，让孩子成为四邻艳羡的对象。

对孩子的学业关心，但不强求。孩子作文写好了，他就拿出去到处给人看。孩子数学不好，也不责怪，只要能及格就行。虽然他画画，但他从不刻意指点孩子，他画画时，孩子在旁边看，其余时间由他自己乱翻画谱，胡乱涂抹。孩子练书法，也只提提建议。孩子嗓子好，爱唱戏，他就拉胡琴，孩子唱，还到学校去给孩子们伴奏，那么大的人陪着几个孩子玩了一下午，还挺高兴。孩子初恋写情书时，他在一旁瞎出主意。孩子大了学会了抽烟喝酒，他喝酒，给孩子也倒一杯；抽烟，一次抽出两根，他一根给孩子一根，还总是先给孩子点上火。对这种关系，父亲自己说："我们是多年父子成兄弟。"

这种情形下的成长是孩子自己长起来的，质地坚密耐力持久，而猛施化肥再加催熟剂的那些个，味道不甜骨质疏松还烂得早。这话，卢梭早就说过了——大自然希望儿童在成人以前就要像儿童的样子。如果我们人为打乱这个次序，就会造成一些早熟的果子，他们长得既不丰满也不甜美，而且很快就会腐烂，我们将造就些年纪轻轻的博士和老态龙钟的儿童。

想到我们的教育，总在"应然"上做文章，总觉得孩子应该怎么样，而很少去看"实然"，孩子实际是怎么样的。

记得多年前，我接触过一个小孩子，三岁，基本算是"出口成章"，看到春天的桃花骨朵，张嘴就说："含苞欲放！"得体应景，我们赞美声一片，发自内心的。但现在回想，这样真的好吗？这是孩子自己的话吗？这是那个阶段的孩子真能达到的抽象化概括的思维水平吗？

每每看到父母炫耀孩子的知识量和聪明的时候，眼前仿佛出现的就是一条管道，经由孩子的嘴流淌着大人教的话。这一刻，孩子事实上是不存在的。

"桃花的腮帮子鼓鼓的，要撑烂了！"

"桃花都憋不住了，要笑了！"

这些话语才更是孩子的话吧？诺贝尔奖一直是国人胸中块垒，之前的不表，纵观近年获奖趋势，"原创"是铁定的评判标准。倘若从儿时开始，我们的孩子就只会高水平地运用成人的表达，而不能说出自己的"原创"的话语，或者说，当只要运用成人的话语就会获得由衷赞美，属于自己的"粗陋"之语永远不登大雅之堂的时候，孩子还愿意、还有可能讲出属于自己的孩子气的傻话吗？

童年的消亡并不是危言耸听。当我们热切盼望孩子第一个冲出起跑线、第一个到达终点的时候，当我们用提前介入、加快学习的步调碾压孩子童年时光的时候，我们就是养育了一群提前衰老的儿童。

在《伤仲永》的哀悼中，人们伤的还是仲永的才华早逝，但有没有谁真正为仲永一生再不可得的童年快乐而伤？

《彼得·潘》中聚集了一群不想长大的孩子的永无岛，《躲藏的人》中所有人对"真正的儿童"的疯抢，并不是人们的虚构，而是现代人不得不面对的尴尬而又残酷的真实。

一辈子就那么长，走那么快做什么？把快乐的童年快快走完，留下

那么漫长的成熟和沧桑需要慢慢走，这是多么艰难的事情！

两岁四个月，大猫说的话是："天上的星星真多呀！丢了怎么办？咱们再缝上去一个吧！"对于"上电视"的解释，大猫如此说："把电视机打开打开，猫一下就上去啦！"对于别人说大猫很好玩的评价，人家很不屑："猫又不是玩具，还能玩？"不时突发奇想："妈妈的肚肚是猫的家！"

上了幼儿园，骑车子路过食堂，大猫说："妈妈，这味道真香呀！伸出手来，一下子就把我抓住了！"

刚刚上学，不会写字，时不时用拼音加画面的办法，和我传情达意，开头一律是：gěi mā mā dē zhǐ tiáo（给妈妈的纸条）。

什么年龄说什么话，什么年龄办什么事。人为地挤压和跨越了这个年龄段，不仅得不偿失，更有可能在之后的发展中来个畸形补偿，以极不成熟的心智面对成年后所要面对的担当和责任。

好多父母对孩子的作文水平忧心忡忡，其实，让孩子说孩子自己的话，一二年级的作文是没有任何问题的。偏生是不让孩子说孩子的话，弄得人家邯郸学步，连路都不会走了。到人家满嘴大人话的时候，你又觉得，怎么尽说点千篇一律的大白话啊！

我找来了大猫在三个年龄段的以《小狗》为题的作文，细看之下，我们可以发现其中的差别——

二年级

我最好的朋友是范姥姥家的小狗，每天我一去范姥姥家，那只小狗就乱叫，好像求我把它带出去。可是令我伤心的是，那只小狗被卖了。

然后，我就哭了好几天。

三年级

每天早晨，我出去玩的时候，总会遇到一只小狗。它活泼可爱，长的样子就像一直在笑一样。每次一遇到它，它就会不停地舔我的手。它浑身蓬松的毛发，像个大火球。它有一个只有我知道的特点。嘘，千万别告诉别人啊！它这个特点就是：老爱睡觉。有一次它和我玩的时候，忽然打了一个小喷嚏就睡着了。唉，它怎么这么爱睡觉呢？直到现在，我也无法回答这个问题。

这就是一只活泼可爱的小狗——沙奇，这是我给它起的名字。

四年级

一次偶然的机会，我碰见了一只小狗。经过询问，我才知道这只小狗叫"杰瑞"，是只纯种的牧羊犬。它长着一双水灵灵的大眼睛，一双灵敏的耳朵使它十分警惕。它的鼻子很长，这使它闻起东西来很方便。它长着一身的绒毛，摸起来很舒服。杰瑞最大的特点是重感情。有一次，我又碰见它了。一开始，它对我有一点生，可后来，它开始快快地甩起尾巴来，不停地叫着，好像在说："你快过来，咱俩好久不见了！"我懂了它的意思，赶忙过去，轻轻地抚摸它的头。它好像得到了满足，用那双水灵灵的大眼睛望着我。我说："咱俩以后常见面吧！"它仿佛懂了我的意思，轻微地点了一下头，然后突然把前脚一伸，后脚一蹬，扑到了我怀里。我抱着它，亲了一下它的额头。

要分别了，它不断地舔着我的脸，我俩就像分别了多年的朋友一样。我说："走吧，咱们以后会再见面的。"我们不断地望着对方，一直到看不见彼此。

我和杰瑞的友谊，会一直延续下去的。

在同题作文的比较下，有两条脉络清晰可见：

一、孩子的认知特点决定了他们的观察特点。

二年级时，她对动物的观察从"我"的角度出发的居多，"好像求我""令我伤心的是""我就哭了好几天"。主观世界的描写远远多于对客观事物的叙述，这是由儿童时期占主导地位的以自我为中心的心理特点决定的。

三年级时，她开始更加关注客体了。写"它活泼可爱，长的样子就像一直在笑一样""它浑身蓬松的毛发，像个大火球"，还有小狗的典型动作"每次一遇到它，它就会不停地舔我的手"和最突出的特点"老爱睡觉"。同时，孩子不求甚解的心理状态也跃然纸上——"直到现在，我也无法回答这个问题"。

四年级时，她的观察明显分化、细化，无论是对于小狗"五官"的表述，还是对其特点的概括，以及动作的描写，双方心理状态的表达，都到了一个新的水平。

二、儿童的认知特点决定了他们的语言特点。

二年级时，她对动物的描写简单概括——"那只小狗就乱叫"，这是由孩子对整体把握胜于对局部把握的认知特点决定的。

三年级时，她写"它长的样子""它浑身蓬松的毛发"，都由于这些是最鲜明的、最可一眼捕捉到的特点。写小狗的典型动作也只限于"不停地舔我的手"，具体怎么舔的，我们就不得而知了。最突出的特点"老爱睡觉"也仅仅是一笔就带过。

四年级时，随着观察的明显细化，她对于小狗五官的描写开始"有声有色"——"一双水灵灵的大眼睛，一双灵敏的耳朵使它十分警惕。它的鼻子很长，这使它闻起东西来很方便。它长着一身的绒毛，摸起来很舒服。"更有趣的是，她要用详尽的描写来佐证自己的观点——小狗"重感情"，有对话，有心理，活灵活现。尤其是对于小狗动作的描写极为准确与丰富——甩、叫、望、点、伸、蹬、扑、舔。

通篇看过之后，有一句话留给人的印象分外深刻——它活泼可爱，长的样子就像一直在笑一样。这是作为孩子在对待客观世界时独有的灵性，仿佛大千世界的一切都与自己的心灵和情感相通。这样的灵性是只有孩子才具有的最突出的特点。

皮亚杰在研究中发现，4 到 6 岁的孩子会把一切事物看成和人一样是有生命的、有意识的、活的；6 到 8 岁的孩子则把有生命的范围框定在活动的事物上面。随着年龄增长，泛灵的范围逐渐缩小。到什么年龄说什么话，真真是没有错的！

一旦提前走入成人的言语系统，孩子话语中的天真与神性就快速枯萎了。这种天然的直觉与创造是学不来的，也是最具个性化的鲜活的表达。用大家最关心的标准来衡量，这才是能拿高分的作文！至于高大上的词汇，多读书，慢慢就会有了，干吗非要逼着人家早早地就四个字四个字地说话呢？

当然，我说的不仅仅是说话这一件事，我们完全可以跨界理解一下，你懂的！

回首往事

孩子：

关于怎么说话这件事，我认为只要能把情绪表达出来就已经非常好了，小孩子怎么说都可以，但这种表达并不是为了让别人称赞的，而是给自己看的，它会帮着理清自己的思路，而不是让人越写越懵。

我脑袋瓜一团乱麻的时候，就会把我的情绪写下来，简单直白，清晰准确的那种，从文字中我会明白我到底在想些什么。

我认为文学是一种很个人的东西，它并非炫耀自己学识的舞台，而是帮着表达自己的一种简单工具而已。现在回头看我对于小狗的描述，我最爱的就是二年级的短短两行字，真诚动情。

帮助孩子建立正确的金钱观

不知道为什么，小孩子似乎天生爱钱。那么大点儿的小孩，在一堆花花绿绿的彩纸当中，就是能把钱和其他废纸区分开来，并且拿到钱的表情还总是格外兴奋。贪啊！

小钱钱的问题，幼儿园阶段一般涉及不到。那时候的孩子关心的就是玩具和好吃的之类的实物。但只要一上学，钱这个万般抽象又万般具象的家伙，就是任谁也回避不了的存在了。孩子要的不是钱本身，而是由此带来的掌控感、支配感，还有当家作主的感觉。

对于零花钱的问题，很多人持"不给"的态度，认为小孩子用不着花什么钱，并且也不会花钱，还是大一些再给比较合适。我的态度很明确：给！小时候对钱的态度与做法，对长大以后的价值观、友谊与生活方式有很大的影响。

我就是典型个案。我们家的孩子都不会花钱，因为所有的钱都让妈妈一个人花了，包括爸爸在内。结果，全家沾染人间烟火的似乎只有妈妈一人，其他人都飞在天空中，看着仙气飘飘，实则生活能力极端低下。结婚前，我所有的工资全部上缴，然后妈妈返还一部分零花钱。干什么用呢？买点书和磁带什么的，纯属精神领域消费，其他只要与生活有关的，都由妈妈操办。结婚以后，我才慢慢学会花钱，其实还是花不好。说得好听点，就是对钱没概念；说得不好听点，就是消费、理财全部低能。和别人出去逛街吃饭什么的，极少，所以一直习惯独来独往，年近不惑，方才逐渐回归主流。

小鸟试飞的时候，是一定要放手让它飞的，大了才学飞，不是翅膀机能受损飞不好，就是胆量和经验都欠缺。与生活有关的，不能代替，包括生活自理能力。小孩子对自己动手丰衣足食感兴趣又不怕苦不怕累的时候，就放手让人家做，人家边做你边教，一来二去就习惯成自然了。人家想做的时候不让做，到了你真正想让人家做的时候，人家早就懒得做了。

花钱的事情也一样，小孩子对这件事情特别需要特别感兴趣的时候，就是最能上手的时候，也是指导最能生效的时候，对方有要求嘛！等人家没要求了，你说什么可就都是耳旁风了。

话说大猫赖唧唧、笑嘻嘻地凑上前来的时候，我就知道，我被人求着的时候又到了。求人难啊！小孩子也不例外，可怜见儿的！可就是这样，说好的事情也不能随便更改。

我们说好的额度是一块钱一周，别说现在，就在当时的九十年代，这样的标准也绝对不能和基本水准画等号，怎么说都算是低下水平。现在回想起来，大猫还时常嗑牙花子："你们可真是抠啊！"商量的过程是这样的：生活用品吧，我们买。学习用品吧，我们买。每天接你的时候的冰棍雪糕什么的，我们买。去超市买好吃的，我们买。你看看，你也没什么需要花钱的地方了不是？一个星期就上五天学，五天花一块钱，也够用了不是？大猫想想，点点头。小孩子傻呗！哪算计得过大人呢？

后来涨到二块钱一星期，直到最高价，四块钱一星期。就在这样的消费水平下，大猫手里紧紧攥着那块儿八毛的，踏上了自己的"钱途"。

刚开始，在欣喜得意的状态下，乱花。说人家乱花，本人真是心下有愧，一块钱，能乱成啥？能耍出多大的幺蛾子？反正就买点杂碎小吃，我和人家讲，这些不好，香精色素防腐剂再加上不卫生，人家振振有词：这个便宜！别人都买这个！

这时候就需要明确消费主张了。之前去超市，会限定数量（当然，也不能买一件就把人买趴了，要提前告诉孩子，太贵的咱可没那么多钱。丑话往前说，别结账的时候和孩子翻脸）。现在去超市，是明确额度，也就是说，这次限额多少多少钱，在这个额度之内，你自己搭配选择。结果是可以想到的，要么有的贵有的便宜，要么几个都相对便宜。几个都贵就超支了，几个都便宜吧，就有些吃亏，没花够。多次锻炼之后，大猫就渐渐学"精"了，明白了在有的事情上克制，另外的事情上就可以大手笔一下。这个就叫作权衡，割舍什么，保证什么，就是自己的价值判断和选择了。

还有，我买东西搞价什么的，带她在旁边看，全程直播。之后就和她叨叨一下，这个值，这个有些不值，这个纯属犯傻。买好了好在哪里，买亏了亏在哪里，明明白白告诉孩子，还可以怎么样，也明明白白告诉孩子。

至于维权的事儿，也尽量让孩子旁观。实在没机会让她看到的，我也要事后向她"汇报"全过程。我怎么说，对方怎么说，我又怎么办等。关于消费的成功与失败就都在孩子眼里心里了。

孩子手里有一点点钱，就有了支配感，那种感觉，很骄傲，很嘚瑟。但怎么花，就是大学问了。我们给了钱，更要帮着人家学会花。大人的问题往往是，要么不给，孩子也学不会花钱；要么给了不管，孩子还是学不会花钱，也许还花砸了。给不给，是考验大人的胆量；给了以后会不会教，那可真是考验大人的能耐了。

大猫买点东西回来，我就总是蹭点好处，顺便夸夸人家会买，也可以说说再买的时候买什么、怎样买更值。或者，人家要用这点钱做点正当合理的慈善什么的，也帮人家点个赞。

好几次放学，我去接人家，就看见人家出了校门在那里溜溜达达，东张西望。别的家长急着吆喝孩子，我就想反正来了，别急。我不动声色地躲一边，看看这小家伙究竟在干些什么。就见大猫钻进一家商店，过一会儿出来了，然后又进第二家商店，过一会儿又出来了。如是循环，直到把校门口所有的商店都逛完了，这才心满意足地走出来了。抬头猛然看见我，极其不好意思："嘿嘿嘿！妈妈！"

姥爷爸爸都接，然后又轮到我去接她，老戏码重复上演。再一再二再三，我就问了："大猫，你这商店逛得也不少了，有啥发现？"人家使劲冲我嘿嘿嘿。小孩子放学都要快快回家的，这见天儿瞎逛，的确有些不大对，这点觉悟人家还是有的。再问，大猫就道出一番话来："妈妈，第一家那个自动笔吧，一块钱。第二家，就两块钱。第三家吧，就一块五。我看了看，那个一块钱的吧，不太好。那个两块钱的吧，有点贵。那个一块五的吧，也挺好的，也不太贵。下次我要是买自动笔了，就去那家买。"好了，人家都学会货比三家了，就啥也不说了！

为了规避风险，比如地震、偷盗、火灾什么的，更为了随取随用方便趁手，大猫居然学会了狡兔三窟，不把财富放在一个篮子里。这家伙鬼鬼祟祟还不和我们说。有一次闹完地震，大猫强烈要求回姥姥家。这才知道，原来姥姥家还有人家的小金库。每次外出，人家不光要安置自己的小宠物，还要倒腾倒腾人家的小金库。身外之物拖累重啊！

接下来，大猫学会了攒钱，积蓄，知道了保有、舍弃，懂得了不是所有的东西都可以全数得到而无需代价。和朋友来往也需考量价值对等。经济学也是人生哲学，一般无二。

小钱钱，大学问。

回首往事

妈妈：

说到这里真有些不厚道，就那么点小钱钱，还要想着管人家，帮着人家学会花，算计人家，非亲生，纯后妈。

孩子：

小时候一周才能得到四元钱，导致我现在非常抠，这个抠是哪种抠呢？对于得到钱这个过程很在意，但对于钱最后的去向却无暇顾及，就像是购物，只享受花钱的感觉，买到啥，不在意！

所以往往给我一百块，我当下绝对一分不让，之后就找不到了。唉，恳请各位大人，有能力的话还是多给孩子一些零花钱吧，别抠抠唆唆的。

能挣会花，教孩子自力更生

只做消费者的日子似乎也不那么爽，总是伸手向别人要钱并不那么理直气壮。开始花钱没多久，大猫很快就意识到了一个人自立自主的重要性。

起因缘于一双鞋，一双旱冰鞋。

那双旱冰鞋价值两百多元，大猫着实看上了。对于酷爱在室外待着的她，能玩的东西一向是她格外重视的。

自行车、滑板车都是在幼儿园之前就解决了的。那时大猫手里没钱，所以对钱也没什么概念，觉得买个物件也没什么大不了。可是现在不同了，相比于每周几块钱的消费水平，这将近三百元的"大件"使得大猫认识到了现实与欲望之间的巨大的差距。

"想买！"大猫羞涩地提出了这个要求。

"不好办！"我也鲜明地亮出了态度。为什么呢？必需的学习用品吧，我们来想办法。娱乐消费呢，就得掂量掂量，不能随随便便就买大件吧？

"怎么办？"我们就这个问题进行了紧急磋商。在大猫一二三地陈述理由过后，我们开始讨论表决。当然，大项开支，不得走走程序什么的，来个民主集中什么的，要不，这提案通过得太容易了，人民代表还会珍惜这个权利吗？

"买！"鉴于大猫理由充分且阐述有力，我们表达了对大猫追求正当健康娱乐的支持，大猫欣喜若狂。小家伙，别得意太早！

接下来进入第二个议题，"怎么买？"我们一致表示，钱钱不富裕，如果达成这个目标，途径只有两个——节流，开源。

大猫表示不明白，我们详加解释。

节流，就是大猫你需要在从近期开始直到买到旱冰鞋的那一刻，都要缩减不必要开支，比如好吃的之类，攒钱！

开源，你这么小，外出挣钱不大可能，人家也不能违法接收童工，况且就你这小身板也干不了什么大活儿。怎么办呢？大猫同志强烈表达了要挣钱的心愿，正中下怀！

好吧，用家务劳动换得正当收入吧！就这，我们还不愿意呢！你瞅瞅，爹妈干家务也没谁给过报酬不是？你身为家庭一分子做家务也是理所应当不是？给你报酬，实在是因为我们想支持你自力更生、勤劳致富的美好愿望啊！

大猫猛点头。

协议达成。扫地、洗碗、擦桌子。当然，视劳动的复杂程度而言，按件计酬。当时我们住的家，厨房的水池子是水磨石做的，比较深，大猫洗碗需要站在小凳子上完成，要不够不着。每天看着小人儿站在凳子上围着小围裙吭哧吭哧刷刷洗洗，我们真是心下不忍，毕竟是亲爹亲妈的亲生孩子啊！咬咬牙，把"不忍"吞回了肚里。大猫结结实实洗了两个月的碗，一结账，还是不够！只怨这狠心的父母把工资标准定得太低了。数数还差了不少，大猫都要哭了。

　　怎么办呢？一个人的力量有限，众人拾柴火焰高。我给大猫出了个主意：咱试着集资吧！当年还没有众筹这个高端概念不是？杀熟。先杀的当然是爸爸，谁让他长那么高，目标显眼呢？况且，主打亲情牌，他也是逃不了的第一个。其次是妈妈，这个方案的始作俑者，自然也是没跑。杀这两人的深层动机，还是源于声讨黑心资本家对劳动者的剥削！

　　数数还不够。回奶奶家，叔叔一听，心疼死了！怎么能这么为难小孩儿呢？伸手就掏兜。且慢，这个钱可不能白拿，凭什么呢？我们一合计，口径一致告诉大猫，这是叔叔的先期投资，这双鞋你穿完了要给叔叔家的小弟弟穿，所以叔叔给你捐资赞助一部分。

　　名正言顺，大猫用节流、开源、拉赞助的方式得到了心爱的旱冰鞋，过程艰辛，大猫受教颇深。从此人家认为，挣钱很重要。

　　那时，我去北京出差比较多，海淀和丰台跑得更多。结果就在城乡贸易中心发现了一款小孩子的玩具——织布机，刚刚问世，价格不菲。但冲着好玩有意思，还是毫不犹豫地给大猫扛了回来。大猫欣喜若狂，点灯熬蜡地学会了全套操作流程。每当人家坐在织布机前轻捻慢摇拉长线的时候，我俩就笑倒了，这纯粹是乡村婆婆的做派啊！之后，经过再加工，眼瞅着成品就源源不断地出来了，什么小钱包、小荷包啊，然后，然后就没了，真没了。

　　大猫都给卖了，卖给同学了，自己定价自己卖。那些个傻同学，不还价，直接买走了。吓死我了！这不纯粹奸商吗？那些家长还不冲过来找事儿啊！结果，风平浪静。也不知道人家觉得物有所值，还是真没把这几块钱当回事儿，总之，一个愿打一个愿挨，就这么落地无悔了。回来我问大猫，你是怎么定价的？你考虑成本了吗？你考虑利润了吗？大猫表示一概不懂。等我把成本、利润的意思唠叨半宿之后，大猫神色平静地走了。之后，要求我继续给她买毛线。这个买卖没有做下去，原因不明，忘了，也许是因为我忙得没顾上给人家买毛线，也许是因为大猫经过成本核算，觉得人工费太低廉，辛辛苦苦好几天做个东西不上算。

之后，大猫继续谋划着挣钱，整个儿就是个钱串子脑袋！但以后的挣钱路线有所调整，转向了智力型的、更高级的方式。

最有代表性的就是获奖和挣稿费。截至目前，人家是挣了，可离人家的预期差得太远了。我们俩就投资与回报、利润与分成的问题进行了多次洽谈。无数次实践证明，大猫总是厚道知足的那一个，我却总是阴险奸诈的那一个。苍天！

眼瞅着就是我算计人家，人家不算计我的意思。

并且更有意思的事儿是，小时候，我们这么抠着她，人家在经济拮据的条件下过得高高兴兴。每次拿到钱特别欢喜，可一转身就不知道到底有多少，这个憨娃子！每次洗衣服、换衣服总能从兜里发现意外惊喜。人家笑呵呵：我真是有钱的人哪！哪儿都有存款。小金库里的钱放在那里，也不知道到底多少数，想起来点一点，想不起来就不想。反倒是大了以后，我们给她买东西、给她钱的时候，人家总是很意外："哇！怎么这么大方啊！我都不好意思了啊！"

后来，我们就把钱扔在那里，用多少自取，但人家也从不乱花。和朋友交往里里外外不算计，钱的来来去去很正常，不挥霍，但跟守财奴也绝对挨不上边儿，会买东西会安排生活，物质精神都丰盈。参加夏令营、集训什么的，人家自己核算要带走的钱的总数，多了也不拿。钱花得又经济又合理，只要是她认为该保证的重点项目，出手绝不含糊，总量又能维持在一个平衡状态。

和钱的一路交道打下来，人家已经能在不经意间把这个伙伴照顾得自在随意。挑东西、买东西，比我更有主见和眼光。她给朋友选的礼物，除了自己动手的以外，花钱买来的总是别有新意。

钱，没那么轻，也没那么重，会了就简单。

钱的去向不只关乎生活，更关乎价值观。钱花在哪里更值，是考量一个孩子生活趣味和人生方向的不二标准。

能挣会花，这样的孩子才活得不差。

以上我说到的只是挣钱与花钱的事儿，至于理财，是更高级的概念了。那应该是钱能生钱的意思吧，我还真不开这个窍。

回首往事

妈妈：

汗颜，算计小孩的过程简直是奸商！原来还很得意，现在一看，真是黑心剥削的资本家。

多么忠厚诚信的小孩儿啊！

我惭愧地低下了头。

孩子：

被压榨的一个小孩子，自闭了。

如何面对挫折
是人生最重要的一课

《武林外传》天天唱：这世界有太多不如意，但你的生活还是要继续。如何面对挫败，是一个人一生最大的功课。

大猫从上幼儿园起就没少挨批评，事实上，很多时候，我是可以罩着她的。这一点，现今说起来大猫也是诸多埋怨。比方说那一次，我明明看到了她和一个小男孩因为满地疯跑被戳在了活动室外头，偏偏视而不见，转身就走。犯规总是要付出代价的，既然做了就得兜着（关于此节的后续，请参阅 P137"回首往事"）。

上小学没几天，我去接大猫，眼瞅着人家一脸委屈，怎么问都不说。等我骑上自行车，大猫趴在我的背后就开始抽抽噎噎，我一扭脸，人家就强烈要求我转过头去，这才开腔："学校合唱团选人，没有我！"

一问，合唱团选人，老师没有推荐她。好家伙！开学第一出就面对这个打击，可得好好安抚人家的小心灵呢！不过，从哪个角度安抚，需要掂量一下。"老师没有推荐你，也许是因为班里同学太多，她没有看到你啊！还可能是，她不知道你想参加啊！你也没有向老师表明态度啊！我觉得还是咱自己推荐自己来得更好吧！"别人没有发现咱，咱得努力创造让别人发现的机会啊！毛遂自荐，这时管用了。

大猫停止哭泣，我们商讨了一番办法。

第二天放学，又趴在我后背上抹眼泪。一问："我推荐自己了，老师还是没有选我！"这个就不好说了，老师瞧不上？那咱也得自己瞧得上自己啊！"我想也许是名额满了，也许合唱团不需要咱们这个声部呢？合唱团还是人少，要不咱们参加兴趣小组吧！"

"学校没有合唱兴趣小组！"

好吧！此处不留爷自有留爷处，咱也不能一棵树上吊死不是？"嗨！妈妈就忘了这个事儿了，学校没有，少年宫还有啊！人比这个还多，还专业，各个学校的孩子都有，要不，咱去那里瞅瞅？""还有啊，就算学校的合唱团不需要人了，别的兴趣小组也还需要人呢？要不下课后，你去大队部问问？"这个问题就这么解决了。

过两天，大猫又不高兴了："班里选班干部，没有我！"我思考一番，开始向大猫进行事实陈述：

1. 这回没有，下回有。班干部又不是当一辈子，大家轮流一下，每个人都有机会，也挺好的。

2. 给班里做贡献，关心班集体，不是一定要做班干部才行。那个意思怎么说来着，天下兴亡匹夫有责。

3. 班干部当不成，做做小组长什么的也挺好的。先从基层锻炼一下，练好了就可以接受更大的考验，要不然一下子上去，也不容易做好不是？

4. 咱们上学是为了什么呢？学习呀！不是为了当干部才上学的啊！不当班干部，不妨碍咱成为一个好学生啊！

5. 做一个全面发展的好学生更重要。管不好自己，就去管别人，底气也不足，管好自己了，就有威信了，大家就会推选你了。

再过一段时间，大猫嘴里开始冒泡泡——某某的爸爸妈妈很有钱，某某是教职工子弟，某某家和老师的关系很好。你以为人家小孩子傻吗？社会现实，一年级的小孩子就知道，既然知道了，就不能回避了。

想好以后，开始和大猫谈心，中心思想如下：

爸爸妈妈没有那么多钱，但我们努力工作好好生活，我们过得也挺好的。

子弟就那么几个，但是班里大多数的孩子都不是子弟，我们也是大多数里面的一个。

关系好不好和孩子自己做得好不好是两码事，关系再好，孩子自己如果不努力，也是白搭。

这个社会呢，什么样的人都有，什么样的生活都有。也许我们生下来就不是那个"一"（特别出众的那一个），但是我们至少可以选择不做那个"三"（不上进不善良的那一个），我们起码可以做到"二"（上进善良的那一个），也许再努力，我们也有机会成为那个"一"呢。

话说完了，大猫基本接受。

跑长跑、马拉松，有经验的运动员都是交替领跑的，你总让孩子蹲在第一名，诚心想累死他是不？反正一直到现在，大猫都在那个二二的状态里悠然自得，不是学霸但也不差，不断被老师批评，也始终受到老师表扬，宠辱不惊说不上吧，想得开那是有的。

小学时犯错被老师要求写检查，回去让家长签字，俺那老眼昏花糊弄差事的亲爹还以为是外孙女的例行作业，大笔一挥签了字。好嘛！说是检查，其实是对老师的声讨书！大猫在全班同学面前边念边哭（批评了老师，自己还觉得委屈！），老师边听边笑。没见过犯了错还这么理直气壮的学生，也没见过孩子犯了错还这么理直气壮支持她的家长！

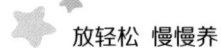

这一老一小，真是不省心！

这下好，回家少不得又要和大猫讨论关于对与错的问题，还有关于跟老师沟通的方式、方法和场合的问题了。

遇事不要怕。年幼的时候遇的事越多，年长以后栽的跟斗就越少。小的时候翻身容易，大了以后再翻身就不那么容易了。让暴风雨早早地来吧！

初中、高中，大猫多次被罚站，用人家的话说："罚站的时候，还能看看别人干什么，还能看看外面打篮球！当学生都没被罚站过，多乏味啊。"只要不离开教室，权当活动腿脚了。

初中每天追着各科老师死缠烂打问问题，不把困惑搞明白誓不罢休，把老师都问得发了愁，恨不能躲着她走。人家说：不明白就得问啊，不懂装懂，装什么装！言外之意，面子值钱还是里子值钱？

高中经常写不完作业，被老师拍打脖子成了日常。有个同学拍了张照片，老师的手挥在空中，大猫就定定地保持一个姿势看，我问，你怎么不躲啊？回答：总得看清楚来路才能躲吧。

老师生了气把凳子都给她搬走了，人家下了课又去高高兴兴要了回来。

自嘲、调侃，至尊法宝。做个小皮球，该拍就拍，该蹦还蹦，人生乐事啊！

"没有我"怎么啦？干吗时时处处都有我啊？凭什么时时处处都有我啊？好汉轮流当，高处轮流坐。给别人一个机会风光风光，给自己一个空当歇息歇息。

回首往事

孩子：

　　我从来都不是最好的，在队伍里也要费很大的力气才能勉强不落队，但就是因为这样，朋友评价我过着一种"超值"的人生，打个比方，别人考100分排名第一才能进来，我考60分是最后一名但也算混进来了。

　　一直这么活着，虽然没有体会过什么巅峰时刻，生活却不时给我小惊喜。慢慢地，我发现这种从没有一飞冲天的人生反而能更深刻地体会那些人生过程的微妙变化，就像一直跟在队伍中默默行走的人，景色稍有一点不同，都会敏锐地感受到。那些缺憾和打击，就像是指路牌，让人明白该朝哪个方向行走。

让孩子懂得什么是"好"

与其整天对孩子说:"你不要!"不如让孩子见识"要"什么。与其避免让孩子受到负面的影响,不如让他们见识积极的正面是什么。

说千遍,不如带孩子做一遍。荀子《儒效篇》言道:"不闻不若闻之,闻之不若见之,见之不若知之,知之不若行之;学至于行之而止矣。"意思就是,没有听到的不如听到的,听到的不如见到的,见到的不如了解到的,了解到的不如去实行,学问到了实行就达到了极点。蒙台梭利也有相近的言论:"我听过了,我就忘了;我看见了,我就记得了;我做了,我就理解了。"

没有阅尽千帆,何来荣辱不惊。穷养也罢,富养也罢,都是比较绝对的说法,让孩子富有见识才是真的。

旅游不是为了旅游,是为了长见识。享乐挥霍一番,回来脑袋里空空,这样的旅游没什么价值。

和各个层面、各种阅历的人打交道,不光是联络感情、携手共事,同时也是为了长见识。每个人都是一本极其宝贵的"真人图书",帮助孩子寻找生命中对自己影响巨大的重要他人,帮助孩子获得对生活最真切而丰富的体悟,孩子自会形成判断。

　　每个人都是一本极其宝贵的"真人图书"，
　　帮助孩子寻找生命中对自己影响巨大的重要他人，
　　帮助孩子获得对生活最真切而丰富的体悟，
　　孩子自会形成判断。

没有一个孩子不向往"好",关键是,你要创造机会让孩子懂得什么是"好"。

我带大猫接触我的工作,接触我工作中的人,接触我的朋友圈子以及他们的生活。我带大猫外出,既看博物馆美术馆图书馆,也去老街老巷菜市场。我带大猫接触陌生的人群、陌生的职业以及我们完全不熟悉的生活。我们在参天大树面前惊叹驻足,也在小贩摊前还价闲扯。

很多儿时的记忆,即使当时并不知道它的可贵,多年后依然会慢慢生发,就像时时忆起的我的大爷。这个大爷和我们家没有血缘关系。

老头瘦小,但身形板正,从不让人觉得他个儿不高。戴副黑框眼镜,额头极高,一头黑发整整齐齐向后梳去。走路坐姿端正挺拔,规矩极大,内在的气派从来都是立着的。

大爷见任何人都不苟言笑,不怒自威。无论权贵还是贫弱,一视同仁。他对人的好与恶明明白白就在脸上,不遮不掩,别人又都不能把这不吭声的老头怎么样,都惧老头三分。我从来没见老头讨好过任何人,也从没见他对任何人刻意亲热。但他对我的好,我就是知道。

几岁大的我和老头待在一起总觉安静、安心,老头做自己的事,我做我的事,两不相扰。老头从不在背后看人,和他在一起不会感觉身后有眼睛。

一辈子不改秉性的倔老头,活得就有一份让人仰视的尊严,不刻意,不张扬,不索求,不急迫,端严自持。在政治运动中、在生活艰辛中,绝不更改自己模样的人,自然更不会做攀权显摆的形状出来。

这是我见过的真正家世显赫的人,真正的知识分子。心里有,骨头里有,不需要炫耀,不需要任何人的品评。他是常家庄园第七十二代传人,辅仁大学毕业生。他的弟弟们在海外,只有他一人留在这座城市。

他的夫人是太原女师的毕业生，满族官员的女儿，特级教师，全国三八红旗手，美丽温柔，待人接物没有一丝火气，九十多岁仍旧天天坚持写笔记。

如今回想那些片段，都是记忆中最珍贵的收藏。

南京的庄长元爷爷和唐淑奶奶，是大猫的最爱。庄爷爷是中文系教授，唐奶奶是学前系教授。即使后来有职务升迁，内里知识分子的本色依旧不改。

庄爷爷爱养狗，唐奶奶明确不许；庄爷爷爱锻炼，唐奶奶貌似不管。庄爷爷最大的遗憾是，想考摩托驾驶证的时候，正好超龄，想考汽车驾驶证的时候，又正好超龄。政策变来变去，只限制了庄爷爷一个人，唐奶奶这下乐得放心。

唐奶奶对庄先生的评价："他这个人不讨喜！"什么意思呢？耿介呗！两个人学问做了一辈子，八十多岁携手山水笑傲江湖，成了名副其实的背包客。唐奶奶微信用得极好，打车软件玩得极其顺溜。庄先生是运动达人、美食家、玩家，长期坚持爬山，八十岁还骑自行车，家里置办了专业的天文望远镜。仰望星空与脚踏实地，一个不少！

两位教授来我们这里公干，我就带大猫和他们亲近亲近，结果，老的小的一见如故，三人簇拥走了一路。也不知两位大咖是怎么给大猫洗脑的，反正，他们以及他们的生活就此成了大猫向往的样板。大猫当时还在上幼儿园。千万不要小瞧了孩子的感受与判别，即使说不出，也知道什么是"好"。因为骨子里相像，他们才情投意合，还是因为情投意合，更加趋向于认同，这就不得而知了。反正从庄爷爷和唐奶奶身上，大猫知道了，人是可以这样生活的。

上大学，大猫就奔了南京去。四年学习，让她充分感受到了什么是

公平竞争，什么是认真做事。庄爷爷唐奶奶像对待自己的亲外孙女一样，把她宠成了宝，南京大街小巷的美食变着花样带她吃，给她的好吃的把宿舍都堆满了。从庄爷爷唐奶奶这里，她深刻体会到了什么是对人真心真意的好。

当年带着小小的她去杭州，西湖的美她说不出来，但是就要求我一遍遍带着她在断桥上走，反复地走。微风、垂柳、古桥，她感受到了，就种下了。后来，纯天然的自然景观和古旧的老建筑老街道，成了大猫的最爱，现在学习的专业就与此相关。

初中时跟了一个团队徒步，她是全团中年龄最小的女生，其他人都是高中生和大中专学生什么的，自己扛着行囊，像蜗牛一样爬走了。一天徒步走了几十公里的山路，一天冒大雨爬了五台山的三个峰顶（其中一个为华北屋脊，最高峰）。肩负装备几十斤，五天没离身。脚趾、脚底、脚腕都是伤。别人给父母的信情深谊长，只有她全篇纪实，写牛羊悠闲不怕人，写风景美丽还说无法形容，写牛粪羊粪和马粪，还有饭菜、山风、大雨和小虫。

下次？继续！吃苦受累都愿意。

孩子脑袋里的东西不是别人装进去的，是自己挑拣进去的。已经有了这些"好"做底子，倘若再有什么"不好"的，就不容易混得进去。那个识别系统的作用会自动发挥出来，无论对人还是对事。

再用姥姥的话说一遍——眼里灌了风啦！的脑（脑袋）大啊！

后记一

一封家书

大猫：

之前、以后，都不会有人这么叫你。

由于这个神经病妈妈的胡作非为，直接导致关于你的名字有多种版本。爸爸、爷爷奶奶、姥姥姥爷，大家混叫一气。每个人都知道自己口中的人是你，你也知道他们喊的那个人是你。但是，你在每个人嘴巴里的称呼都不一样。所以，把你唤作"大猫"的，就只你妈妈一人了。所谓亲妈，大概就是这个意思，独一无二，你也是我独一无二的孩子。当然，绝不仅仅只因为你是我的独生女儿。

很多年后，也许在面目模糊的人群中，突然听到有人唤起这个名字的一刹那，你会想起我。我希望那个时候，你的眼前能够清亮亮地淌出有关自己童年的记忆。这个名字就像一个开关，一按，就连通了母女一场的灯火通明。但也许，你再不会听到这样的称呼，那也很好，你可以趁这个空当，快快抹去自己的那些个小丑事小囧事，再理直气壮地杀出门去。好多秘密毕竟只有我们两人知道，再没有人望着你呵呵地笑出诡异的模样——你总在这样的笑容前面红耳赤恼羞成怒，被人抓住把柄的滋味真不好受。而我，牢牢握着你最多的把柄，有哪个特务可以从你出

生一直在你身边潜伏这些个年？

　　说到写信，你一定不喜欢煽情也不喜欢听道理，以你的一贯论调，你会将它们一概斥为：装、假、空。而且我自认为，从小到大，我该给你的都给了，现在，为了尽量不装不假也不空，那我就说一件耸人听闻的事吧。

　　你现在看到的你不是出生时的你。对这个论调，你也许嗤之以鼻：那当然，我长大了啊！细胞分裂啊！也许呵呵一笑：这妈，又神经大条耸人听闻了。

　　唉！我说的是真的，这回。

　　人的长大，都是换了肚肠、整了零件的，只是他们自己不知道而已。

　　人要长出脑子——自己的。这样大脑才不只是左右半球白质灰白质，才有了真正的功用——思考。建立自己的思考，才可以指挥自己的行走，你永远不能与别人共用一个大脑，无论这个"别人"是什么人。你不能只希图人家思考的结果，最珍贵的是形成这个结果的过程。就像去一个旅行的目的地，去了不是关键，关键是，你是徒步、骑行、自驾，还是晃着绿皮小火车或是空中飞人式的，设计什么样的出行方式，就会有什么样的沿途风景。就算你到了目的地，下一步怎么办，仍旧要取决于你的判断，这就是自由行永远比旅行团的收获更多的原因。

　　同样，永远不要排斥别人的想法。你的思考就像一粒粒的江米，只有加入酒曲，才会酿成米酒。别人的思路就是珍贵的酒醛，没有这样的催化发酵，难有香醇入口。能酿出一壶美味的酒，缘于很多人心甘情愿的贡献，当你长成自己的大脑的时候，要感谢经过的每个人的贡献，无论是善意还是恶意，都是滋味丰富的人生不可或缺的。

　　人要长出骨头——丰子恺老先生说过："有些动物主要是皮值钱，譬如狐狸；有些动物主要是肉值钱，譬如牛；有些动物主要是骨头值钱，譬如人。"你不耐烦名人名言，但这句话，相信你能听得进去。从古至今，那些被人们永远仰视的名字，无不具有铮铮铁骨，人数之多，灿若星辰，千古之下，光芒永远璀璨。有骨头的人，才有直立行走的可能。你的骨头搭起了自己的边框，才能成为一个有边界有形状的人的模样。当然，骨头一般是包在肉里的，不会都显露在外面向世人亮相，或者，把人刺伤。但是没有骨头，就是一摊泥，只能贴着抹着粘着，依附别人站立，一旦墙倒，灰飞烟灭。

　　骨头主要由两种组织构成：外面的是坚硬的密质骨，里面的是多孔的松质骨（海绵骨），坚硬和弹性才能构成一副强劲的骨骼。所谓骨气，指的一定是坚硬的一面，是朝向美好的矢志不渝百折不回；而弹性，你可以去看看王阳明——用尽所有可能始终朝向光明的人物。向日葵的向阳是终生不变的属性，它可以扭转花盘、弯曲自己，但是，一定向阳。

　　人要长出心——如果说大脑是理智，骨头是气节，那心就是情感。很小很小的时候，你就因为姥姥姥爷说到生老病死而泪流满面。大猫，这是我最爱你的地方，一个人的柔软与善良，是生而为人最可贵的珍宝。

　　真正动人的永远是人性的光辉，就像《美丽人生》中的父亲，就像《放牛班的春天》里的老师，就像泰坦尼克沉没刹那优雅的琴师，就像辛德勒倾家荡产为纳粹提供的名单。这颗心，可以护佑苍生、悲悯众生，更可以拯救自己免于沉沦，"没有人是一座孤岛可以自全"。所谓丧失人性，就是因为丢掉了这一颗心。丢掉了同情，丢掉了不忍，就会有疯狂的攫夺，残暴的杀虐和无情的漠视。

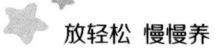

"不忍心"不是一个人的懦弱，恰恰是真正的勇敢。

人要长出肉——水分是肉中含量最多的部分，能占到70%左右。水是万物之母，有水才有生命。长出肉就接了地气，爱自己的肉肉，如同爱这平凡生活的晨昏朝暮。在平淡的日子里能够发现、创造你和周围人的欢乐，你就成了快乐的泉眼，自给自足，汩汩不绝。人生的长与短大家都差不多，但是，快乐的多与少就差得很多。胡适老先生说："总得发展一些非职业的兴趣。"工作之外，是更广大的人生，把这个人生过得有滋有味，才是最重要的事。

这一点，我从不担心你。

其实，要说的只有两个字——选择。每个人的面前有无数条道路，每时每刻，你向左走还是向右走，完全是你自己的事。任何人的话，包括我这个妈和你那个爸，统统没用，要迈出腿的，是你自己。

就算阿甘，成为开始的他还是成为最后的他，完全在于他自己。就算僵尸，成为骨皮还是成为人，完全在于他自己。就算你最爱的哈利·波特，走向斯莱特林还是格兰芬多，在分院帽犹豫再三后，最终听从的还是哈利的意见。

所以，长出什么样的脑袋、骨头、心和肉，全部是你自己的选择。最后，你会依据自己的心愿，成为你自己最想要的样子。

如果，你不能清楚地知道自己要长成什么样，那么，亲爱的大猫，妈妈只有一个建议：起码，你应该知道，自己不要长成什么样子。剩下的，就是你的事了。不过，妈妈再啰唆一句，就一句——不完满才是人生（季羡林老先生的话），反正不会十全十美，所以，不要怕！

妈妈

2015年1月

后记二
送你《侠客行》

    这本书的初稿写于 2015 年，你高考前夕。如今，已经是你要读研的时候了。

    所有写给孩子的家书都是父母的一厢情愿，尤其给别人看的时候，更难免炫耀之心猛增。所以，也不说虚头巴脑的话了。懒惰的母亲图个现成，复制粘贴一首热热闹闹的歌词给你——

哪怕不知去向何方

努力下去就是希望

这世界真的也许有太多的你不如意

可你的生活虽然坎坎坷坷仍在继续

希望就住在你的心底愿你勤勤恳恳

善待别人关心自己美好的日子等你

呛呛啐呛呛啐

拿出勇气让我看看

呛呛啐呛呛啐

要向上看不向下看

呛呛啐呛呛啐

要向前看不向后看

呛呛啐呛呛啐

要向好看不向坏看

这世界有太多不如意

但你的生活还是要继续

太阳每天依旧要升起

希望永远种在你心里!

——《武林外传》插曲《侠客行》

爸爸妈妈做得不好的地方,请多多担待!

我们永远爱你!

妈妈

2019 年 6 月

参考文献

[1] 马克斯·范梅南. 生活体验研究：人文科学视野中的教育学 [M]. 宋广文等译. 北京：教育科学出版社，2003.

[2] 马克斯·范梅南，巴斯·莱维林. 儿童的秘密：秘密、隐私和自我的重新认识 [M]. 陈慧黠等译. 北京：教育科学出版社，2004.

[3] 刘良华. 教育自传 [M]. 成都：四川教育出版社，2006.

[4] 洛伦·S. 巴里特. 教育的现象学研究手册 [M]. 北京：教育科学出版社，2010.

[5] 芭芭拉·查尔尼娅维斯卡. 社会科学研究中的叙事 [M]. 北京：北京师范大学出版社，2010.

[6] 秦金亮. 质化研究心理学 [M]. 上海：上海教育出版社，2010.

[7] D. 瑾·克兰迪宁. 进行叙事探究 [M]. 徐泉等译. 重庆：重庆大学出版社，2015.